史學研究叢書・歷史文化叢刊

從「交鄰」到「封貢」

——高麗與遼朝交聘研究

陳俊達　著

本書為二〇二一年度國家民委民族研究青年項目「《高麗史》中的中華民族交往交流交融史料彙編」（2021-GMC-020）、中國博士後科學基金第六十七批面上資助項目「十至十三世紀東亞國際體系研究」（2020M670840）成果。

自序

本書的寫作，源自二〇一三年。二〇一三年九月，我從東北師範大學考入吉林大學文學院中國史（專門史）專業，跟隨楊軍師學習中外關係史。經過一年的學習與思考，選定中朝關係史作為研究方向，從事遼朝與高麗關係研究，並選擇《高麗遣使遼朝研究》作為碩士學位論文選題。從那時起，便萌生撰寫《高麗與遼朝交聘研究》一書的想法。博士在讀期間，本人相繼完成《高麗赴遼使者群體研究》（《黑龍江社會科學》2016年第5期）、《高麗使遼使者類型及其派遣考論》（《西北民族大學學報》2016年第5期）、《試論高麗人的「遼朝觀」》（《宋史研究論叢》第20輯）、《遼朝與高麗使者往來分期探賾——兼論東亞封貢體系確立的時間》（《西北民族大學學報》2017年第4期）、《從「強狄」到「正統」：史籍所見高麗君臣心中的金朝形象》（《域外漢籍研究集刊》第18輯）等論文。二〇一九年博士後入站後，又相繼撰寫《從「宗主正統」到「文化中國」：試論高麗人的「宋朝觀」》（《人大報刊複印資料‧宋遼金元史》2020年第5期全文轉載）、《反思「封貢體系」：十至十三世紀東亞國際體系的一個側面》（《人大報刊複印資料‧宋遼金元史》2021年第3期全文轉載）、《遼朝出使高麗使者職官考》等論文。呈現在大家面前的這本小書，正是在此基礎上整理完善的結果。

全書除緒論、附錄外，分為六章：

第一章「遼朝與高麗使者往來分期探賾——兼論東亞封貢體系確立的時間」。根據遼麗雙方遣使的特點，以高麗是否為遼朝屬國、遼朝

與高麗間的使者往來是否制度化等為依據，將遼麗使者往來劃分為四個時期，即平等往來期（西元922至994年2月）、非制度化遣使期（西元994年2月至1038年8月）、制度化遣使期（1038年8月至1116年4月）、衰落消亡期（1116年4月至1123年8月）。指出重熙七年（1038）八月高麗「始行契丹重熙年號」，應作為東亞封貢體系正式形成的標誌。

第二章「高麗使遼使者類型及其派遣」。根據高麗使者的出使目的和頻率，將高麗使者分為常使和泛使兩類。常使指高麗每年定期向遼朝派遣的使者，包括賀生辰使、賀正旦使、謝賀生辰使與歲貢使。泛使指高麗不定期或遇有特殊事宜臨時向遼朝派遣的使者，包括問候使、告奏使、乞請使、祭奠弔慰使、朝賀使、謝恩使、獻方物使、赴東京使、赴來遠城使。指出高麗常使制度的發展可以分為四個階段。在朝鮮半島對外遣使的制度層面上，高麗一朝做出了許多開創性的舉措。高麗使遼使者名目本質上體現了封貢體系下遼麗兩國地位的不對等。

第三章「高麗遣使遼朝使者群體研究」。高麗在選派使者出使遼朝時，尤其注重使者的個人素質與家世背景。當高麗使者的職官品級與出使使命不相符合時，或另派他人，或借銜出使。同時高麗使者借銜出使還有提高使者身份，引起遼朝重視，從而更好地發揮其作用之意。高麗朝廷對使者的獎勵主要體現在對其官職的升遷與對其家屬的優待和安置上，而懲罰主要體現在對其官職的罷黜方面。高麗赴遼使者群體對維護遼麗關係的健康發展起到了重要作用。

第四章「遼朝出使高麗使者類型研究──以冊封、加冊與賀生辰使為中心」。指出高麗國王繼位後順利得到遼朝冊封需滿足兩個條件：良好的遼麗關係及在位一年以上；遼朝皇帝繼位、上尊號或出於某種政治目的時，會對高麗國王進行加冊；遼朝遣使賀高麗國王生辰不是遼麗地位平等的體現，而與冊封一樣，是遼朝承認高麗國王的標

誌。冊封、加冊與賀生辰皆是遼朝行使宗主權的方式，對後世產生了深遠的影響。

第五章「遼朝出使高麗使者職官考」。指出遼朝派遣出使高麗的使者，存在以散官、文資官、武資官、憲銜、勳、職出使的現象，其中以「檢校官」出使者三十八人次，以「文資官」出使者五十六人次，以「武資官」出使者一○九人次，以「憲銜」出使者十二人次，以「職」出使者十一人次，以「勳」出使者一人次。遼朝出使高麗使者所帶結銜，多為象徵使者身份、級別的虛銜「官」，帶實職出使者極少。遼朝出使高麗使者的職官並非毫無規律，最遲至遼道宗朝，當正使為節度使時，副使為大將軍、觀察使或諸寺大卿；正使為觀察使時，副使為諸寺大卿或諸寺少卿。

第六章「試論高麗人的『遼朝觀』」。在早期高麗人的觀念中，遼朝是「禽獸之國」、「強惡之國」。受此觀念影響，高麗在立國之初，積極發展與中原漢族政權的關係，排斥甚至拒絕與遊牧民族出身的契丹遼朝往來。太平二年（1022）後，高麗人的「遼朝觀」開始發生轉變，最遲在景福元年（1031）完成轉變，將遼朝視為「正統」，接受遼朝的宗主國身份。在此觀念的影響下，高麗採取各種措施鞏固與遼朝的宗藩關係，同時與北宋在政治臣屬關係上明確劃清界限。引起高麗人「遼朝觀」轉變的根本原因在於高麗人由來已久的保邦意識，此外還有經濟利益的推動、遼朝文化的發展，以及高麗自身經濟文化的發展等原因。這種以北方民族建立的王朝為正統的觀念，應該是高麗在女真人建立金朝後，沒有發生像遼麗間那樣大規模的戰爭，就迅速加入金朝構建的封貢體系之內的一個重要原因。

本書的出版，離不開楊師的指導與大力支持。今年時值楊師自一九九二年留校任教的整三十年，也是我拜入楊師門下的第九年。雖然投入楊門的時間較晚，但有幸九年來一直聆聽楊師的諄諄教導。如果

我在學業上取得了任何一點些許的進步，那都要歸功於楊師的指點與教誨，而我只是愚笨的努力去將楊師的教導付諸實踐，雖然實際完成情況尚不及楊師指導的萬分之一。值此楊師任教吉林大學三十周年，謹以此小書表達對楊師的尊敬與感激之情。

同時，本書的出版亦離不開各位老師、師兄師姐的指導與幫助，在此一併表示衷心的感謝。特別感謝師哥張宏利（楊師2011級博士）、師妹武文君（楊師2017級博士）、表弟鞠賀（楊師2015級碩士、2018級博士）、師弟王征（楊師2018級碩士）、師弟洪緯（楊師2018級博士）、師弟王金秋（楊師2017級碩士）、師妹張雪霞（楊師2016級碩士）在本書寫作、整理、校對過程中提供的幫助。特別感謝赤峰學院孫國軍教授、東北師範大學二〇〇九級本科同窗邵曉晨（現就讀於日本東北大學）在書稿相關篇章寫作及發表過程中給予的幫助。感謝湖北經濟學院劉芝慶老師及臺北萬卷樓出版社的各位老師在出版過程中的大力支持及付出的辛勤勞作。

二〇二〇年新冠疫情在家期間，開始著手本書的整理工作，後因種種原因，直到二〇二一年底才基本完成。二〇二〇年三月，又逢長春疫情封城，居家期間對全書重新進行校對，最終得以呈現在大家面前。希望多年後回想起來，能夠感受到書中所包含著的自己與師門小夥伴們曾經的求學歷程、學術理想，以及「一日歸屬楊門，一生念念不忘」的師門情誼。能夠時刻提醒自己，不忘初心，砥礪前行。

陳俊達

二〇二二年三月十四日

於吉林長春寓所

目次

緒論

——十至十三世紀東亞國際體系的一個側面

　　十至十三世紀的東亞正處在一個大變革的時代。十世紀之前，經過唐王朝的經營努力，中國與東亞其他國家間的封貢體制基本形成，建立了一種東亞古代國家間的粗略秩序。東亞各國間經濟文化的交流也得到加強，以中國為主導的東亞文化圈已經形成。然而，西元九○七年唐王朝的崩潰，東亞政治勢力的無序狀態為周邊地區的民族和國家提供了發展機會。在唐王朝的廢墟上，先後出現了多個地方政權，如五代十國以及遼、宋、西夏、金、西遼、喀喇汗、大理等。其中遼與北宋、金與南宋，又構成中國歷史上的第二次南北朝時期。與此同時，伴隨著唐王朝的崩潰，朝鮮半島上的統一新羅亦隨之崩潰，經過各方勢力的角逐，最終王建建立的王氏高麗再次統一原新羅地區。日本實行「脫宋」政策，逐漸遠離東亞秩序。交趾更是由中國領土發展成為獨立政權。東亞的混亂無序局面，直到西元一二七九年元朝滅亡南宋，再次統一中國才重新穩定下來。此後，東亞進入封貢體系時代。

　　目前關於古代東亞國際體系研究的代表性理論主要有西嶋定生的「冊封體制論」、堀敏一的「羈縻體制論」、費正清的「中國的世界秩序論」、濱下武志的「朝貢貿易體系論」、黃枝連的「天朝禮制體系論」、高明士的「中國的天下秩序論」，以及學界在此基礎上提出的相關理論修訂（如「東部歐亞論」）等。

　　西嶋定生的「冊封體制論」認為，在近代以前的世界歷史中，存在著許多世界，它們都擁有已經完成的自律性的歷史，「東亞世界」就是其中之一。「東亞世界」是以中國文明的發生及發展為基軸而形成的。隨著中國文明的發散，進而影響到周邊諸民族，在那裡形成以中國文明為中心而自我完結的文化圈。構成這個歷史的文化圈，即「東亞世界」的諸要素可歸納為漢字文化、儒教、律令制、佛教四項。成為「東亞世界」共通要素的諸文化，是以中國王朝的政治權力乃至權威作為媒介而傳播、擴延的。

　　西嶋定生所指的「東亞世界」，是以中國為中心，包括其周邊的朝鮮、日本、越南，以及蒙古高原與西藏高原中間的河西走廊地區東部在內的中國諸地域。即便同屬中國的周邊地區，如北方的蒙古高原、西方的西藏高原，以及越過河西走廊地帶的中亞諸地區，或者越過越南的東南亞等諸地區，通常不包括在此作為文化圈的「東亞世界」範圍之內。「東亞世界」作為歷史的世界，其範圍是流動的，不是固定的。

　　西嶋定生認為，維持「東亞世界」的基本制度是冊封體制（冊封—朝貢關係），通過中國對周邊國家的冊封構成一個有序的整體，冊封不僅是「東亞世界」外在的表現形式，也是其內在聯繫的強有力紐帶。從時間歷程上看，「東亞世界」發端於漢朝，但漢代的「東亞世界」是未成熟的。魏晉南北朝時期「東亞世界」呈現「明顯化」。隋唐時代，「東亞世界」在政治上、文化上成為一體。十世紀初葉唐朝滅亡後，渤海和新羅也隨之滅亡，越南則出現了獨立政權，日本也弛緩了律令制，社會狀況發生變化。至此，「東亞世界」的結構，在性質上發生變化。宋朝已經不是主宰「東亞世界」冊封體制的宗主國，但是從另一個方面來看，宋朝依然是「東亞世界」的中心，是這個世界的支配者，只不過這種支配不是在政治方面，而是在經濟與文

化方面。宋朝改變了「東亞世界」的原理，並使之持續下來。明朝再次強化以中國為中心的冊封體制，並以這個體制為媒介實現「東亞世界」的經濟、文化共有關係。這一體制一直延續到清代，直到十九世紀歐洲資本主義的出現，最終導致東亞世界的崩潰。[1]

堀敏一針對西嶋定生「東亞世界」的冊封體制論，提出了「羈縻體制論」。堀敏一指出，「中國同東亞各國之間的關係不僅僅局限於冊封，還包含從羈縻州到單純的朝貢等多種形態，它們隨著中國與各民族之間的實力關係而呈現多種形態，並因此而締結比較寬鬆的關係」。他認為「寬鬆的關係是東亞世界的特徵」。[2]同時，堀敏一指出，研究東亞世界，不能忽視遊牧民族的影響，「割裂同北方遊牧民族的關係，就無法敘述東亞世界的歷史」。[3]

同時由於西嶋定生的理論中，「東亞世界」的成員必須具備漢字、儒教、律令制、佛教等四項指標，由此導致無法涵蓋中國「北邊、西邊」的遊牧、採集和狩獵地區。[4]近年來，日本學界提出「東部歐亞」概念，地理範圍大致為「帕米爾高原以東」，用以批判西嶋定生理論在空間、時間、周邊主體性等方面的缺失。[5]然而「東部歐亞論」自身存在一些無法調和的矛盾，如「東部歐亞論」強調以多國網路秩序

1　（日）西嶋定生著，高明士譯：《東亞世界的形成》，劉俊文主編：《日本學者研究中國史論著選譯》第二卷〈專論〉（北京市：中華書局，1993年），頁88-103。

2　（日）堀敏一著，韓昇編，韓昇、劉建英譯：《隋唐帝國與東亞》（昆明市：雲南人民出版社，2002年），頁2。

3　（日）堀敏一著，韓昇編，韓昇、劉建英譯：《隋唐帝國與東亞》，頁3。

4　如金子修一認為西嶋定生提出的冊封體制論和東亞世界論中，並未將遊牧民族的存在納入考察範圍，導致很多問題得不到充分解釋。參見（日）金子修一著，張鴻譯：《歷史上的東亞國際秩序與中國──聚焦西嶋定生》，拜根興等編譯：《古代東亞交流史譯文集》第一輯（北京市：中國社會科學出版社，2018年），頁51-52。

5　關於「東部歐亞」的定義，日本學界也未達成共識，詳見黃東蘭：〈作為隱喻的空間──日本史學研究中的「東洋」「東亞」與「東部歐亞」概念〉，《學術月刊》2019年第2期，頁160-162。

來解構以中國為中心的朝貢—冊封秩序論,但支撐其多國秩序的基本架構卻都是典型的中國王朝的政治話語、儀禮、漢文書儀,並沒有從根本上否定西嶋定生提出的中國在東亞文化圈的核心地位。故李成市在〈日本歷史學界東亞世界論的再探討〉一文中提出,大多數論者運用個別的、具體的歷史現象來批駁東亞世界論是難以成立的。雖然無法解釋個案的理論,作為其理論本身也就無法成立。但只要沒有出現取而代之的新理論,以前的理論就不能棄之不顧。[6]西嶋定生的「冊封體制論」仍是目前最具影響力的古代東亞國際體系理論。

　　與西嶋定生、堀敏一等人依據漢唐東亞國際體系展開討論不同,費正清、濱下武志等人針對明清東亞國際體系的特點提出了不同的見解。費正清提出,「中國的世界秩序,是一整套的思想和做法」,中國將國內體現於政治秩序和社會秩序的相同原則運用於對外關係中,帶有中國中心主義和中國優越色彩,從而形成了一種以中國為中心的、等級制的、不平等的國際秩序。

　　費正清認為,「中國的世界秩序」是一個同心圓結構,所包括的其他民族和國家可以分為三個圈層:第一個是漢字圈,由幾個最鄰近而文化相同的屬國組成,即朝鮮、越南,還有琉球群島,日本在某些短暫時期也屬於此圈。第二個是內亞圈,由亞洲內陸遊牧或半遊牧民族等屬國和從屬部落構成,它們不僅在種族和文化上異於中國,而且處於中國文化區以外或邊緣,有時甚至進逼長城。第三個是外圈,一般由關山阻絕、遠隔重洋的「外夷」組成,包括在貿易時應該進貢的國家和地區,如日本、東南亞和南亞其他國家,以及歐洲。[7]馬克·

6　(日)李成市著,王坤譯:〈日本歷史學界東亞世界論的再探討——兼與韓國學界的對話〉,拜根興等編譯:《古代東亞交流史譯文集》第一輯,頁28。

7　(美)費正清:〈一種初步的構想〉,(美)費正清編,杜繼東譯:《中國的世界秩序——傳統中國的對外關係》(北京市:中國社會科學出版社,2010年),頁1-2。

曼考爾進一步認為,維繫秩序的基礎,在於朝貢—貿易,二者是不可分離的組成部分。[8]

　　濱下武志的「朝貢貿易體系論」認為,朝貢的概念源於貢納,朝貢體系是中國國內統治秩序的擴展,是一個聯結中心和邊緣的有機的關係網路。根據中央影響力的強弱順序,朝貢國可以分為六種類型:①土司、土官的朝貢;②羈縻關係下的朝貢;③關係最近的朝貢國;④兩重關係的朝貢國;⑤位於外緣部位的朝貢國;⑥可以看成是朝貢國,實際上卻屬於互市國之一類。朝貢體系是一個以中國的中央——地方關係為核心向外擴展的同心圓結構,各朝貢國所處的位置有時會發生變化。濱下武志強調,朝貢的根本特徵,在於它是以商業貿易為基礎的活動,因朝貢關係而使得以朝貢貿易關係為基礎的貿易網路得以形成。[9]

　　費正清等人與濱下武志的研究都有一個預設背景,那就是闡釋中國和亞洲世界如何步入近代,因而他們的研究對象都以明、清時期(特別是清代)為主。費正清等人和濱下武志都認為朝貢體系運作的基礎是經濟貿易。區別在於費正清等人認為朝貢加貿易,兩者是朝貢體制不可分割的組成部分。濱下武志則更明確地強調朝貢行為的根本推動力和基礎是商業貿易和貢賜貿易,因而將朝貢體系稱為朝貢貿易體系。[10]

8　(美)馬克・曼考爾:〈清代朝貢制度新解〉,(美)費正清編,杜繼東譯:《中國的世界秩序——傳統中國的對外關係》,頁70。

9　(日)濱下武志著,朱蔭貴、歐陽菲譯:《近代中國的國際契機:朝貢貿易體系與近代亞洲經濟圈》(北京市:中國社會科學出版社,1999年),頁34-38;(日)濱下武志著,王玉茹、趙勁松、張瑋譯:《中國、東亞與全球經濟:區域和歷史的視角》(北京市:社會科學文獻出版社,2009年),頁17、21、24。

10　韓國學者全海宗、中國學者楊軍等,已經對「朝貢貿易」進行批判。認為清朝與朝鮮間的朝貢與回賜在經濟上雙方皆得不償失,從總的收支情況看,清朝與朝鮮都沒有從封貢關係中獲得直接的經濟利益,雙方保持封貢關係的著眼點顯然與經濟方面

　　與西嶋定生、堀敏一等人強調冊封（羈縻），費正清、濱下武志等人強調貿易不同，黃枝連、高明士更強調東亞國際體系中「禮」的重要性。黃枝連「天朝禮治體系論」認為，十九世紀以前，西方文化、西方國家、西方殖民帝國主義興起之前，東亞區域秩序，是以中國封建王朝（所謂「天朝」）為中心，以禮儀、禮義、禮治及禮治主義為運作形式，對中國和它的周邊國家（地區）之間、周邊國家之間的雙邊和多邊關係起著維繫與穩定的作用。「天朝禮治體系」是由內部禮治主義體系演變出來的一個外部的、處理國際關係的宏觀情境架構。[11]黃枝連將「天朝禮治體系」劃分為三個層次：「宏觀系統」，即「天朝禮治體系」本身；「中觀系統」，表現為一定的社會制度、一定的行為方式（即群理系統）；「微觀系統」，見之於一定的人格系統和思想感情表達的方式（所謂身心系統）。[12]或稱之為宏觀秩序（國際秩序）、中觀秩序（個別國家、地區內部的社會運作）、微觀秩序（個人的生存發展）。[13]

　　黃枝連的創見之處在於，他強調「天朝禮治體系」固然同中國封建王朝有著必然的、近乎有機的聯繫，可是同漢族並沒有必然的關係。關鍵之處在於那個在中國本土建立的王朝是不是能有效地控制中

無關。這種雙方皆不獲利的交換關係不應當稱為「朝貢貿易」。詳見（韓）全海宗：〈清代中朝朝貢關係考〉，（美）費正清編，杜繼東譯：《中國的世界秩序——傳統中國的對外關係》，頁81-104；楊軍：〈維持東亞封貢體系的代價——清與朝鮮「朝貢貿易」收支考〉，劉德斌主編：《中國與世界》第一輯（北京市：中國社會科學出版社，2011年），頁143-177。

11 黃枝連：《天朝禮治體系研究》上卷〈亞洲的華夏秩序：中國與亞洲國家關係形態論〉「前言」（北京市：中國人民大學出版社，1992年），頁2-3。

12 黃枝連：《天朝禮治體系研究》下卷〈朝鮮的儒化情境構造：朝鮮王朝與滿清王朝的關係形態論〉「代序」（北京市：中國人民大學出版社，1995年），頁9。

13 黃枝連：《天朝禮治體系研究》上卷〈亞洲的華夏秩序：中國與亞洲國家關係形態論〉「前言」，頁4-5。

國；是不是有一定的軍事力量及戰鬥決心來維持區域秩序；是不是在內政上多少是推行禮治體系，因而在外事活動上能以禮對待周邊的國家和地區，不直接介入後者的內政。[14]

高明士「中國的天下秩序論」認為，中國的天下秩序是以中國為中心的親疏關係，本質上是要建立「禮」的秩序，不論冊封或朝貢，都是禮的範圍。天下秩序由君臣結合原理（政治的），再加上父子結合原理（宗法的），從制度而言，就是由郡縣制加上封建制的關係。「禮」的親疏原理使得傳統中國的天下秩序是一個同心圓結構，其圓心在中國京師所在地，由京師向外延伸，大致分為三層：內臣、外臣、暫不臣地區。內臣地區指中國本土，在政治運作中，是政、刑、禮、德諸要素所到達的地區。皇帝根據律令，借租稅徭役等制度，對全國人民（內臣）進行「個別人身統治」。外臣地區又分羈縻府州地區與慕義地區。羈縻府州地區有封有貢，是政、禮、德所到達的地區。慕義地區有貢無封，是禮、德到達的地區。外臣地區中國皇帝通過政、禮、德諸要素，對四夷進行「君長人身統治」，但不直接統治其人民，此地區人民對中國皇帝沒有承擔租稅徭役等義務。暫不臣地區，又分為兄弟關係地區、敵國地區、荒遠地區。[15]

除上述古代東亞國際體系理論外，韓國學者全海宗從中韓關係史角度出發，將朝貢制度劃分為典型的朝貢關係、準朝貢關係、非朝貢關係三種類型。典型的朝貢關係指朝貢國與宗主國之間在經濟上存在貢物和回賜，在禮儀上存在以封典為主的兩國間禮儀形式關係，軍事上存在相互求兵及出兵的情況，政治上，朝貢國採用宗主國的年號、

---

14 黃枝連：《天朝禮治體系研究》下卷《朝鮮的儒化情境構造：朝鮮王朝與滿清王朝的關係形態論》「代序」，頁6。

15 高明士：《天下秩序與文化圈的探索：以東亞古代的政治與教育為中心》（上海市：上海古籍出版社，2008年），頁5、8、9、12、22。

年曆，宗主國干涉朝貢國內政，並要求朝貢國提交人質。準朝貢關係指雙方在政治上主要是邊境界限及越境等問題，經濟上雙方進行交易，文化上兩國間進行思想、宗教、文化、技藝交流。非朝貢關係指的是兩國間敵對關係、朝貢關係之外的和平交易及來往。有時非朝貢形式的交易和往來也以朝貢面貌出現。[16]

楊軍、張乃和主編的《東亞史》，從區域史的角度對東亞歷史進行解析，將東亞分為七個不同的區域：黃河流域、長江流域、蒙古草原、青藏高原、天山南北、東北亞、東南亞。根據東亞區域結構的變化，將東亞史劃分為七個時期：早期東亞世界（遠古至西元前3世紀末）、區域結構形成時期（西元前3世紀末至8世紀末）、多族多國競相發展時期（西元8世紀末至13世紀末）、封貢體系時期（13世紀末至19世紀70年代）、條約體系時期（1874年至1945年）、冷戰時代（1945年至1992年）、後冷戰時代（1992年至今）。多族多國競相發展時期，「雖然是東亞的大分裂時期，但也是東亞各族各國的大發展時期，各族各國自樹意識增強，東亞文化開始呈現出多元的特點」。[17]

韓昇在西嶋定生理論的基礎上進一步提出，冊封關係只是君臣權力關係的表現形式，不足以涵蓋古代東亞世界各種形態，東亞存在向中國朝貢但未受到冊封的政治體或所謂「屬國」。[18]認為東亞是「一個具有共同文化基礎的文明區域」，在西嶋定生提出的構成東亞世界基

---

16 （韓）全海宗：〈韓中朝貢關係概觀──韓中關係史鳥瞰〉，全海宗著，全善姬譯：《中韓關係史論集》（北京市：中國社會科學出版社，1997年），頁133-134。按：魏志江認為，全海宗所言「準朝貢關係」在歷史上並不存在，朝貢關係應劃分為「禮儀性的朝貢關係」和「典型而實質性的朝貢關係」兩大類。參見魏志江：〈關於清朝與朝鮮宗藩關係研究的幾個問題──兼與韓國全海宗教授商榷〉，《東北史地》2007年第1期，頁48。

17 楊軍、張乃和：《東亞史》（長春市：長春出版社，2006年），頁7、10、11。

18 韓昇：《東亞世界形成史論》（上海市：復旦大學出版社，2009年），頁38。

本文化基礎四要素的基礎上，增加了教育和技術兩個要素。[19]韓昇根據各個地區的重要性，以及中國古代王朝實際控制力的強弱，將冊封的實際形態分為三種類型：第一種，中國古代王朝勢力可及，該地區缺少其他堪與中國抗衡的強國，且屬於可以實行農耕、土著定居的地區，中央王朝往往在該地設置相應的管理機構，派駐官員，甚至徵發土調兵役；第二種，中國古代王朝勢力可及，但該地區的生產、生活形態頗不相同，故保留較大的獨立性，受冊封國雖然服從中國古代王朝確立的國際規則，但沒有多少實際義務，也不承擔貢納；第三種，中國古代王朝勢力難及的地區，中央王朝還是盡可能要履行冊封儀式，以昭示中央的權威和雙方的上下關係，哪怕是名義上的。[20]

宋念申以清朝和朝鮮關係為例，認為「朝貢—冊封」制度是宗藩禮制最為典型的表達形式之一。但封貢活動本身不是宗藩關係的全部，只是其禮儀表現之一，和宗藩制度掛鉤的還有貿易准入、邊市往來等一系列物質性交往，以及安全保障。用「朝貢」來概括東亞世界的國家間關係，嚴格地說不盡準確。在禮儀之外，有其他形式，背後則是權力和利益互動。宋念申指出，甲午戰爭之前的數百年裡，宗藩制度在東亞範圍內是「普世」制度。域內很多國家都以此為對外交往原則，其中也包括多數時間內不認中原天子為最高權力的日本。除了中原這個核心，一些國家也自視為次級區域的核心。它們一面奉中原王朝正朔，一面和比自己更小的政治體建立等級次序。比如朝鮮之於女真，越南之於占婆、高棉、老撾等（越南對內甚至自稱皇帝）。就算不以中原為上國的日本，也將這套體制拿來施之於琉球等處。[21]

綜上，關於古代東亞國際體系理論的研究，學界已經取得了豐碩

19　韓昇：《東亞世界形成史論》，頁53-54。
20　韓昇：《東亞世界形成史論》，頁31-33。
21　宋念申：《發現東亞》（北京市：新星出版社，2018年），頁70-71。

的成果，在古代東亞存在以中國為中心的國際體系，古代東亞國際體系根據與中國中央政治關係的遠近劃分為多個層次，古代東亞國際體系除中國外存在多個次級中心等問題上已達成共識。然而，亦存在一些問題。其一，學界目前關於東亞古代國際體系的研究多集中在「漢唐東亞」與「明清東亞」，根據漢唐時期或明清時期的東亞國際體系所提煉出的要素對於十至十三世紀的東亞解釋力不足。其二，十至十三世紀的東亞國際體系在東亞歷史上究竟起著怎樣承前啟後的作用，西嶋定生等人注意到宋代東亞國際體系的變化，但並未展開深入細緻的討論。其三，十至十三世紀，中國北方少數民族契丹人、女真人、蒙古人如何對東亞國際體系進行解構與重構，維繫這一時期東亞國際體系的要素又是什麼？凡此種種，現有研究成果尚無法給出令人信服的答案。

　　針對上述問題，已有學者就十至十三世紀的東亞國際秩序進行研究。如魏志江以遼宋麗三角關係為切入點，探討十至十二世紀的東亞地區秩序。指出，由於遼金的崛起，以中原漢族王朝為中心的一元朝貢體制被打破，高麗先後或同時展開對遼、金或宋朝的朝貢外交，這種「二元」或「多元」的朝貢體制，構成這一時期東亞地區秩序的主要規範。十至十二世紀是中韓關係史上一個重要的轉型時期，高麗從傳統的以臣屬關係為前提的對中原漢族王朝的朝貢，演變為對中國北族王朝——遼金元的朝貢。[22]楊軍考證遼金與高麗之間的封貢關係，發現雙方在冊封、使節往來頻度、交往禮儀等方面都已經出現制度化規定，進而認為遼金與高麗的關係已經由簡單的封貢關係步入到封貢體系的模式之內。[23]黃純艷系統研究了宋代朝貢體系，既涵蓋宋遼、

22 魏志江：〈遼宋麗三角關係與東亞地區秩序〉，復旦大學韓國研究中心編：《韓國研究論叢》第四輯（上海市：上海人民出版社，1998年），頁310-325。

23 楊軍：〈東亞封貢體系確立的時間——以遼金與高麗的關係為中心〉，《貴州社會科學》2008年第5期，頁117-124。

宋金二元朝貢體系並存問題，亦涉及宋朝朝貢體系下的各個小區域的區域秩序。同時分析了朝貢諸國眼中的宋朝朝貢體系、宋朝對朝貢體系的構建、宋朝朝貢體系的運行等問題，堪稱近年來研究十至十三世紀東亞國際體系的佳作。[24]

雖然現有研究關於十至十三世紀東亞國際體系的研究較少，但相關基礎性研究學界已取得豐碩成果。具體到作為本書研究基礎的十至十三世紀中國與高麗關係的研究成果方面。楊通方〈五代至蒙元時期中國與高麗的關係〉一文，詳細敘述了五代十國、宋、遼、金各政權與高麗在政治、經濟、文化等方面的關係。[25]楊軍在《中國與朝鮮半島關係史論》中，將古代中國與朝鮮半島的關係劃分為前國際體系、方國體系、郡縣體系、羈縻體系、宗藩朝貢體系，十至十三世紀，中國與朝鮮半島的關係正處在由羈縻體系轉變為宗藩朝貢體系的過程中，這一轉變大致在十一世紀完成。[26]付百臣主編《中朝歷代朝貢制度研究》一書中，設專章探討宋遼金時期中朝朝貢制度的特殊性，以揭示宋遼金時期，既是中朝朝貢體制全面確立，又是東亞國際秩序發生重大變化的時期。[27]同時，各類中朝關係史著作中，如《中韓關係史（古代卷）》[28]等，皆有關於宋遼金與高麗關係的相關梳理。

遼金與高麗的關係，魏志江為國內最早系統研究遼金與高麗關係

---

24 黃純豔：《宋代朝貢體系研究》，北京市：商務印書館，2014年。

25 楊通方：〈五代至蒙元時期中國與高麗的關係〉，北京大學韓國學研究中心編：《韓國學論文集》第三輯（北京市：東方出版社，1994年），頁15-44。

26 楊軍、王秋彬：《中國與朝鮮半島關係史論》（北京市：社會科學文獻出版社，2006年），頁163。

27 付百臣主編：《中朝歷代朝貢制度研究》第二章〈宋遼金時期中朝朝貢制度的特殊性〉（長春市：吉林人民出版社，2008年），頁29-77。

28 蔣非非、王小甫等：《中韓關係史（古代卷）》（北京市：社會科學文獻出版社，1998年），頁155-223。

的學者，相繼發表〈論遼與高麗關係的分期及其發展〉[29]、〈論一〇二
〇-一一二五年的遼麗關係〉[30]、〈遼金與高麗的經濟文化交流〉[31]〈論
金末蒙古、東夏與高麗的關係〉[32]等論文。其出版的《中韓關係史研
究》一書，上編為〈遼金帝國與高麗之關係〉，下設「遼麗關係的展
開與遼聖宗對高麗的征伐」、「一〇二〇-一一二五年的遼麗關係」、
「遼宋麗三國關係與東亞國際秩序」、「金建國前東、西女真及其與高
麗的關係」、「女真與高麗曷懶甸之戰考略」、「十二世紀初金國與高麗
的外交」、「十三世紀初金、蒙古、東夏及其與高麗的多邊關係」、「遼
金與高麗的經濟文化交流」八章，基本釐清了遼金與高麗間的主要問
題。[33]此外，張亮采《補遼史交聘表》，仿《金史》〈交聘表〉，將遼與
高麗的關係一一整理編排；[34]趙永春、玄花對於遼金與高麗間關於
「保州」問題的交涉；[35]章宏偉對於十至十四世紀中國與朝鮮半島的
漢文大藏經交流；[36]王民信關於高麗人對遼、金、蒙元的觀念[37]等問

---

29 魏志江：〈論遼與高麗關係的分期及其發展〉，《揚州師院學報（社會科學版）》1996
　　年第1期，頁87-93。
30 魏志江：〈論一〇二〇-一一二五年的遼麗關係〉，《南京大學學報（哲學・人文科
　　學・社會科學版）》1997年第1期，頁115-122。
31 魏志江：〈遼金與高麗的經濟文化交流〉，《社會科學戰線》2000年第5期，頁181-188。
32 魏志江：〈論金末蒙古、東夏與高麗的關係〉，北京大學韓國學研究中心編：《韓國
　　學論文集》第八輯（北京市：民族出版社，2000年），頁49-61。
33 魏志江：《中韓關係史研究》上編〈遼金帝國與高麗之關係〉（廣州市：中山大學出
　　版社，2006年），頁13-142。
34 張亮采：《補遼史交聘表》，北京市：中華書局，1958年。
35 趙永春、玄花：〈遼金與高麗的「保州」交涉〉，《中國邊疆史地研究》2008年第1
　　期，頁81-97。
36 章宏偉：〈十-十四世紀中國與朝鮮半島的漢文大藏經交流〉，《古籍整理研究學刊》
　　2009年第6期，頁35-47。
37 王民信：〈高麗王朝對遼金元初興時的「拒」與「和」〉、〈高麗與契丹關係研究〉、
　　〈高麗女真與曷懶甸事件〉，王民信：《王民信高麗史研究論文集》（臺北市：臺大
　　出版中心，2010年），頁63-222。

題的研究。以及韓國學者金渭顯、[38]日本學者河上洋，[39]加之近年
來，日本學界在前述「東部歐亞論」影響下，很多日本學者重視研究
十至十三世紀遼、宋、金、西夏、高麗等國的外交制度，重視研究各
國之間外交文書的格式與傳遞儀式，重視研究外交使節的接待禮儀、
邊境交涉等能夠體現多元外交體制的基本元素、文化符號等課題，[40]
並在此基礎上出版的研究成果如《契丹（遼）與十-十二世紀的東部
歐亞》[41]、《渤海與藩鎮：遼代地方統治研究》[42]等書，皆值得重視。

綜上所述，現有關於東亞國際秩序的研究多集中在漢唐（如西嶋
定生的「冊封體制論」與堀敏一的「羈縻體制論」等）或明清時期
（如費正清的「中國的世界秩序論」與濱下武志的「朝貢貿易體系
論」等），西嶋定生、堀敏一、高明士等人曾指出過宋代以後「東亞
世界」的變化，但皆未展開深入具體的研究。然制度化的封貢體系的
形成時間正是在十一世紀初，即遼朝中期。[43]因此，若未能對十至十
三世紀的東亞國際體系進行整體把握，是無法正確、深刻地理解東亞
是怎樣由「漢唐東亞」步入「明清東亞」的，也就無法正確認知當代
東亞國際問題的歷史癥結所在。基於此，本書擬對高麗與遼朝交聘問

38　（韓）金渭顯：《契丹的東北政策——契丹與高麗女真關係之研究》，臺北市：華世
　　出版社，1981年。

39　（日）河上洋：〈遼五京的外交機能〉，姜維公、高福順譯著：《中朝關係史譯文集》
　　（長春市：吉林文史出版社，2001年），頁314-335。

40　Endō Satoshi, Iiyama Tomoyasu, Itō Kazuma, Mori Eisuke, "Recent Japanese Scholarship
　　on the Multi-State Order in East Eurasia from the Tenth to Thirteenth Centuries," in
　　Journal of Song-Yuan Studies, Volume 47, 2017-2018, pp. 193-205.

41　（日）荒川慎太郎、澤本光弘、高井康典行、渡辺健哉編：《契丹〔遼〕と10-12世
　　紀の東部ユーラシア》，東京市：勉誠出版株式會社，2013年。

42　（日）高井康典行：《渤海と藩鎮——遼代地方統治の研究》，東京市：汲古書院，
　　2016年。

43　楊軍：〈東亞封貢體系確立的時間——以遼金與高麗的關係為中心〉，《貴州社會科
　　學》2008年第5期，頁124。

題中的使者往來問題進行系統研究，探討高麗與遼朝的關係由「交
鄰」步入「封貢」的過程，以期為十至十三世紀的東亞國際體系研究
提供新的視角以及材料支持。

第一章
遼朝與高麗使者往來分期探賾
──兼論東亞封貢體系確立的時間

　　楊軍先生提出：「考察封貢體系確立的時間，也就是考察制度化的封貢關係出現的時間。如果宗主國與附屬國之間的封貢關係在冊封、使節往來頻度、交往禮儀等方面都已經出現了制度化的規定，則可以斷定，雙方的關係已經由簡單的封貢關係步入到封貢體系的模式之內」[1]。冊封與交往禮儀無疑通過使者往來得到體現，因此探討遼朝與高麗交聘的分期，進而確定雙方遣使制度化的時間，對研究東亞封貢體系的確立有著重要意義。然而到目前為止，學界暫無專文就遼朝與高麗交聘的分期問題進行研究[2]。本章以高麗是否為遼朝屬國、遼麗間遣使是否制度化等為依據，將遼麗交聘劃分為四個時期，以下分述之。

一　平等往來期

　　神冊三年（西元918年）六月，王建即位，建立高麗國。立國之初，忙於整頓內政，經略雞林（新羅）地區，無暇顧及朝鮮半島以外事務。同時由於此時高麗與遼朝間有渤海國相隔，「地界不相接，沒

1　楊軍：〈東亞封貢體系確立的時間──以遼金與高麗的關係為中心〉，《貴州社會科學》2008年第5期，頁117。

2　陳俊達：〈高麗遣使遼朝研究述評〉，《綏化學院學報》2015年第2期，頁121-122。

有直接利害關係」[3]，天贊元年（西元922年）前，雙方之間沒有使者往來。

西元九二二年，遼太祖為「解除滅渤海的後顧之憂，採取遠交近攻的策略」[4]，首次遣使高麗，「春二月，契丹來遺橐駝馬及氈」[5]。高麗對遼朝的主動示好反應較為冷淡，直到天贊三年（西元924年），始遣使赴遼[6]。以此為標誌，雙方正式建立交聘關係。之後，高麗分別於天贊四年（西元925年）、天顯元年（西元926年）、天顯二年（西元927年）連續三年遣使赴遼。關於此三次遣使的目的，史籍闕載。任愛君認為高麗此時的遣使皆以經貿往來為目的[7]，但聯繫遼太祖於西元九二六年攻滅渤海國的歷史背景，高麗此三次遣使應有著深遠的政治目的，意在探知遼滅渤海國後的軍事動向。由於遼麗雙方此時通好，皆屬權宜之計。遼朝出於解除後顧之憂，避免兩線作戰的考慮，高麗則在穩定新羅地區後，執行立國之初「先操雞（林）後搏鴨（綠江）」[8]的戰略部署，開始實施北進計劃，這就注定此次交聘不會長久。西元九二七年後，由於即位的遼太宗忙於經略中原，無暇東顧，高麗遂停止派遣使者赴遼，同時大量接納渤海遺民、接受後唐冊封、行後唐年號，擺出一副對抗遼朝的態勢。期間雖遼太宗於天顯十二年（西元937年）試圖與高麗修好，於會同二年（西元939年）試圖借後晉獻幽雲十六州之機，施壓高麗，迫使高麗臣服[9]。然而皆未達到預

3　（韓）金渭顯：《契丹的東北政策──契丹與高麗女真關係之研究》，頁171。

4　魏志江：〈論遼與高麗關係的分期及其發展〉，《揚州師院學報》1996年第1期，頁87。

5　（朝鮮王朝）鄭麟趾等：《高麗史（第一）》卷1〈太祖世家一〉，東京市：國書刊行會株式會社，昭和五十二年（1977），頁16。

6　（元）脫脫等：《遼史》卷115〈高麗傳〉（北京市：中華書局，2016年），頁1671。

7　任愛君：《遼朝史稿》（蘭州市：甘肅民族出版社，2012年），頁295-299。

8　（朝鮮王朝）鄭麟趾等：《高麗史（第一）》卷1〈太祖世家一〉，頁12。

9　陳俊達：〈試析遼朝遣使高麗前期的階段性特點（西元922-1038年）〉，《齊齊哈爾大學學報》2015年第4期，頁76-77。

期目的，相反卻激化了高麗對遼朝勢力擴張的憂懼。因此當遼太宗於會同五年（西元942年）再次遣使高麗時，高麗太祖選擇了與遼朝斷交。「王以契丹嘗與渤海連和，忽生疑貳，背盟殄滅，此甚無道，不足遠結為鄰。遂絕交聘，流其使三十人於海島，繫橐駝萬夫橋下，皆餓死」[10]。甚至在臨終前親授《訓要》，「契丹是禽獸之國，風俗不同，言語亦異，衣冠制度，慎勿效焉」，將防備遼朝作為「永為龜鑑」[11]的條目之一。首次單方面終止了與遼朝的使者往來，此次交聘遼麗雙方斷斷續續僅維持了二十年（西元922-942年）。

　　會同五年（西元942年）後，由於遼太宗忙於經略中原，即位的世宗、穆宗、景宗忙於平息內亂、整頓朝政，始終無暇東顧，雙方基本維持著相安無事的局面。遼宋戰爭期間，為避免兩線作戰，遼朝採取了「以大兵壓境為先導、外交繼後的方針」[12]，聖宗分別於統和元年（西元983年），「親閱東京留守耶律末只所總兵馬」[13]；次年，遣翰林學士耶律純至高麗「議地界」[14]；三年（西元985年），「詔諸道繕甲兵，以備東征高麗」[15]；四年（西元986年），遣厥烈赴高麗「請和」[16]。迫使高麗不敢出兵助宋。當聖宗暫時解決了來自北宋的威脅後，為切斷高麗與宋朝的密切聯繫，防止高麗與北宋聯合攻遼，於統和十一年（西元993年）發動對高麗的第一次征伐[17]。戰爭期間，遼軍主將

10　（朝鮮王朝）鄭麟趾等：《高麗史（第一）》卷2〈太祖世家二〉，頁26。

11　（朝鮮王朝）鄭麟趾等：《高麗史（第一）》卷2〈太祖世家二〉，頁26。

12　蔣非非、王小甫等：《中韓關係史（古代卷）》（北京市：社會科學文獻出版社，1998年），頁160。

13　（元）脫脫等：《遼史》卷10〈聖宗紀一〉，頁120。

14　（遼）耶律純：《星命總括自序》，陳述：《全遼文》（北京市：中華書局，1982年），頁92。

15　（元）脫脫等：《遼史》卷10〈聖宗紀一〉，頁123。

16　（朝鮮王朝）鄭麟趾等：《高麗史（第一）》卷3〈成宗世家〉，頁39。

17　陳俊達：〈遼對高麗的第一次征伐新探〉，《邢臺學院學報》2014年第3期，頁105。

蕭恆德（遜寧）遣使敦促高麗投降[18]。迫於遼軍強大的軍事壓力，高麗成宗先後派遣李蒙戩、張瑩、徐熙赴遼軍軍營請和。雖然徐熙面對遼軍主帥、東京留守蕭恆德仍堅持「臣之於君，拜下禮也，兩國大臣相見，何得如是」[19]，但此時遼麗平等往來時期已臨近終結。遼軍停戰後，高麗成宗忙遣禮幣使、侍中朴良柔奉表赴遼請罪，並於次年二月「始行契丹統和年號」[20]，正式成為遼朝屬國，此後高麗國王僅取得了與遼東京留守相同的身分地位[21]，雙方使者平等往來階段結束。

綜上，統和十二年（西元994年）二月前，為遼麗使者往來的第一個時期。該時期的最大特點為遼麗雙方地位平等，雙方交聘在平等的基礎上展開。同時此時期又可以分為兩個階段，天贊元年（西元922年）至會同五年（西元942年）為第一階段，統和二年（西元984年）至統和十二年（西元994年）二月為第二階段，西元九四三年至西元九八三年間，由於高麗單方面終止赴遼使者派遣，雙方四十年間沒有使者往來。平等往來期遼朝遣使高麗可考者七次，使者姓名可考者二人；高麗遣使遼朝可考者八次，使者姓名可考者四人。

18　（朝鮮王朝）鄭麟趾等：《高麗史（第三）》卷94〈徐熙傳〉，頁77。

19　（朝鮮王朝）鄭麟趾等：《高麗史（第三）》卷94〈徐熙傳〉，頁77。

20　（朝鮮王朝）鄭麟趾等：《高麗史（第一）》卷3〈成宗世家〉，頁45。

21　按：高麗國王與遼東京留守互稱「大王」。如統和十二年（西元994年）二月，蕭遜寧（恆德）致書高麗成宗：「伏請大王預先指揮」，（朝鮮王朝）鄭麟趾等：《高麗史（第一）》卷3〈成宗世家〉，頁45。清寧元年（1055）七月，高麗文宗致書遼東京留守：「伏冀大王親鄰軫念」，（朝鮮王朝）鄭麟趾等：《高麗史（第一）》卷7〈文宗世家一〉，頁107。同時高麗成宗還曾於統和十四年（西元996年）三月，「表乞為婚」，聖宗「許以東京留守、駙馬蕭恆德女嫁之」，（元）脫脫等：《遼史》卷13〈聖宗紀四〉，頁160。

二　非制度化遣使期

　　高麗自統和十二年（西元994年）二月成為遼朝屬國，至重熙七年（1038）八月「始行契丹重熙年號」[22]，為遼麗使者往來的第二個時期。該時期的最大特點為受多種政治因素影響，遼朝與高麗間的使者往來始終未達到制度化層面。此時期，遼朝遣使高麗可考者六十次，平均一年一點三三次，使者姓名可考者六十三人；高麗遣使遼朝可考者七十次，平均一年一點五五次，使者姓名可考者六十六人。遣使制度的不完善與非制度化體現在以下三個方面：

　　第一，從遣使頻率上看，此時期遼朝與高麗間的使者往來頻率沒有任何規律可尋。四十五年間，遼朝最多時曾一年遣使高麗五次，不遣使的年份總計長達十六年；高麗最多時曾一年遣使遼朝九次，不遣使的年份總計長達二十二年（詳見表一、表二）：

表一　西元九四四年二月至一〇三八年八月遼朝遣使高麗表[23]

時間	次數	時間	次數	時間	次數	時間	次數	時間	次數	時間	次數
994	1	995	1	997	2	998	1	999	1	1004	1
1007	1	1009	1	1010	5	1012	2	1013	4	1014	2
1015	2	1016	1	1019	2	1020	2	1021	3	1022	4
1023	5	1024	2	1025	1	1026	3	1027	3	1028	2
1029	3	1030	1	1031	2	1032	1	1038	1		

22　（朝鮮王朝）鄭麟趾等：《高麗史（第一）》卷6〈靖宗世家〉，頁85。

23　按：據張亮采：《補遼史交聘表》、《遼史》、《高麗史》、《高麗史節要》、《東國通鑑》、《東史綱目》、《增補文獻備考》、《高麗墓誌銘集成》、《全遼文》、《遼代石刻文編》、《遼代石刻文續編》等史料統計而成，下表皆同。

表二　西元九四四年二月至一○三八年八月高麗遣使遼朝表

時間	次數	時間	次數	時間	次數	時間	次數	時間	次數	時間	次數
994	4	995	4	996	2	997	2	1002	2	1005	1
1008	2	1009	2	1010	9	1011	5	1012	4	1013	3
1018	1	1019	2	1020	4	1021	1	1022	4	1023	1
1028	5	1030	2	1031	4	1037	1	1038	2	不詳	3

　　這一方面是由於《遼史》、《高麗史》的記載頗多疏漏，但不可否認的是，此時期的許多年份，遼朝與高麗間沒有使者往來，是由於受到了多種政治因素的影響。首先，受中原時局的影響。如當遼宋戰事膠著，雙方互有勝負的統和十七年（西元999年）至十九年（1001年）間[24]，高麗不僅停止了赴遼使者派遣，相反於統和十七年（西元999年），派吏部侍郎朱仁紹如宋，陳「國人思慕華風，為契丹劫制之狀」[25]。而當遼軍處於明顯攻勢，連續大敗宋軍於遂城、淤口、益津關、梁門、泰州後，高麗立即改變了曖昧態度，於統和二十年（1002）相繼遣使賀伐宋捷、貢本國地里圖，臣服示弱的目的不言而喻。然而此時高麗亦心存僥倖，希望宋朝可以戰勝遼朝，因此在遼宋簽訂澶淵之盟的前後，統和二十一年（1003）至二十五年（1007）間，除於二十三年（1005）以遼與宋和，遣使赴遼朝賀外，史書中再無高麗遣使赴遼的相關記載。其次，受遼麗關係的影響。如當遼聖宗於開泰三年（1014）發動對高麗的第三次征伐後，高麗再次單方面終止了與遼朝的使者往來，並於開泰五年（1016）正月拒絕遼朝使者入境，直到開泰七年（1018）十月，「遣禮賓少卿元永如契丹請和」[26]，才重新恢復

---

24 楊樹森：《遼史簡編》（瀋陽市：遼寧人民出版社，1984年），頁117-118。

25 （朝鮮王朝）鄭麟趾等：《高麗史（第一）》卷3〈穆宗世家〉，頁48。

26 （朝鮮王朝）鄭麟趾等：《高麗史（第一）》卷4〈顯宗世家一〉，頁61。

中斷長達五年的使者往來。而當遼朝於景福元年（1031），拒絕高麗提出的從保州城撤軍、拆毀鴨綠江浮橋、歸還扣留使者等要求後，高麗第三次，也是最後一次單方面終止與遼朝的使者往來。於同年十一月「停賀正使，仍用聖宗大（太）平年號」[27]，甚至在重熙元年（1032）出現「契丹遣留使來，至來遠城，不納，遂城朔州、寧仁鎮、派川等縣備之」[28]的局面，再次導致雙方使者往來中斷五年之久。此外亦受其他因素影響，如當太平九年（1029）八月，大延琳發動反遼叛亂後，高麗持觀望態度，「自此路梗，與契丹不通」[29]，停止赴遼使者派遣，「時南、北女直皆從延琳，高麗亦稽其貢」[30]。直到太平十年（1030）九月，「遣金哿如契丹，賀收復東京」[31]，才重新恢復使者往來。

第二，從遣使名目上看，此時期遼朝與高麗間的各項遣使名目，始終未達到制度化層面。如遼朝於統和十五年（西元997年）首次派遣賀高麗國王生辰使，而直到太平三年（1023）才再次派遣。高麗穆宗在位期間，無遼朝遣使賀其生辰的記載。[32]同時雖然遼朝對高麗遣使已有相關制度性規定，但受上述各因素影響，皆未得到認真執行。太平二年（1022）八月以前，高麗每年的常規性遣使應有七次，即「時朝廷於契丹，四季各有問候使，正朝及其主與太后生辰，皆有賀使」[33]。然檢索相關史料，太平二年（1022）八月以前，僅見問候使

27　（朝鮮王朝）鄭麟趾等：《高麗史（第一）》卷5〈德宗世家〉，頁75。

28　（朝鮮王朝）鄭麟趾等：《高麗史（第一）》卷5〈德宗世家〉，頁75。

29　（朝鮮王朝）鄭麟趾等：《高麗史（第一）》卷5〈顯宗世家二〉，頁72。

30　（元）脫脫等：《遼史》卷17〈聖宗紀八〉，頁230。

31　（朝鮮王朝）鄭麟趾等：《高麗史（第一）》卷5〈顯宗世家二〉，頁73。

32　陳俊達、邵曉晨：〈關於遼朝遣使冊封、加冊及賀高麗國王生辰的新思考──兼論封貢體系下宗主國宗權的行使〉，《赤峰學院學報（漢文哲學社會科學版）》2015年第5期，頁6。

33　（朝鮮王朝）安鼎福：《東史綱目》卷七上，顯宗十三年（1022）秋八月，朝鮮群書大系本，大正四年（1915），頁205。

六次、賀生辰使三次（詳見表三）：

表三　西元九九四年二月至一○二二年八月高麗常規性遣使統計表

時間	使者姓名	使命
統和十四年（西元996年）		問起居
統和二十七年（1009）	李有恆	賀太后生辰
統和二十八年（1010）	金延保	秋季問候
	姜周載	賀冬至
統和二十九年（1011）	金崇義	賀冬至
	金殷傅	賀生辰
開泰元年（1012）	田拱之	夏季問候，且告王病不能親朝
開泰九年（1020）	崔齊顏	賀千齡節
太平二年（1022）	金仁祐（裕）	春季問候

　　由此我們可以理解《遼史》中的相關記載：「統和十四年（西元996年）六月己丑，高麗遣使來問起居。後至無時」[34]。此處的「後至無時」，不是指高麗於此次遣使後，相隔很久才再次遣使赴遼，因為高麗於次年相繼派遣韓彥敬奉幣弔越國公主之喪、王同穎來告穆宗即位，而是指高麗沒有嚴格按照規定派遣使者。因此，當太平元年（1021）遼麗雙方結束大規模軍事衝突後，遼朝對原有的高麗遣使制度進行修改。太平二年（1022）八月，東京持禮使李克方抵達高麗，通知新的遣使制度：「自今春夏季問候使並差一次，與賀千齡、正旦使同行；秋冬季問候使並差一次，與賀太后生辰使同行」[35]。即將常規性遣使由每年七次減少為每年五次，分別為賀千齡使（賀皇帝生辰

34　（元）脫脫等：《遼史》卷13〈聖宗紀四〉，頁160。

35　（朝鮮王朝）鄭麟趾等：《高麗史（第一）》卷4〈顯宗世家一〉，頁66。

使）、賀正旦使、賀太后生辰使，以及上下半年各派遣一次的問候使。然而由於大延琳叛亂、聖宗去世後遼麗關係的再度緊張，使得初步制度化的遣使制度再度遭到破壞，重熙七年（1038）八月高麗「始行契丹重熙年號」前始終未實現制度化。

第三，從出使官員的職官品級上看，此時期使者職官差異較大，級別並不固定。由於《遼史》〈百官志〉的編纂極為混亂，使得我們無法對這一時期出使高麗的遼朝使者的職官品級有一個詳實的統計整理。但從目前高麗出使遼朝使者姓名可考的六十六人中，職官可考者五十人，涉及職官三十六種，涵蓋高麗官制中從從一品至從六品以及從七品共十二等，其中又以從二品、從三品、正四品、從四品、正五品、正六品六等居多，共四十人，占目前見於記載使者職官可考總數的百分之八十（詳見表四），可以窺知此時期遼朝與高麗間往來使者的職官品級尚未制度化。

表四　西元九九四年二月至一○三八年八月高麗使者職官品級統計表

品級	職官	次數
從一品	侍中	1
正二品	內史侍郎平章事、右僕射	2
從二品	參知政事、中樞（院）使	5
正三品	左承宣、禮部尚書、左散騎常侍	3
從三品	司農卿、尚書左丞、尚書右丞、祕書監、太府卿、太僕卿	9
正四品	工部侍郎、戶部侍郎、刑部侍郎、禮部侍郎、兵部侍郎	7
從四品	禮賓少卿、司宰少卿、國子司業、殿中少監	5
正五品	閤門使、左司郎中、起居郎、工部郎中、都官郎中	8
從五品	軍器少監	2

品級	職官	次數
正六品	左司員外郎、戶部員外郎、考功員外郎、禮部員外郎、殿中侍御史	6
從六品	將作丞	1
從七品	西頭供奉官	1

　　綜上，統和十二年（西元994年）至重熙七年（1038）間的遼麗交往，遼麗雙方使者的派遣制度初具雛形，尚未制度化，但這為後來的遣使打下堅實的基礎，制度化遣使時期許多遣使名目在該階段都可以找到源頭。如統和十三年（西元995年）十一月[36]，遼朝遣「翰林學士張幹、忠正軍節度使蕭熟葛」[37]來冊封高麗成宗，為遼朝派遣冊封使之始；統和十五年（西元997年）十月成宗去世後，遼聖宗於同年十二月，「遣使祭高麗王治」[38]，為遼朝派遣祭奠弔慰使之始；統和二十七年（1009）四月，高麗「遣借工部侍郎李有恆如契丹賀太后生辰」[39]為高麗遣使賀遼皇太后生日之始；統和二十八年（1010）九月，高麗遣「左司郎中王佐暹、將作丞白日升如契丹東京修好」[40]為高麗派遣赴遼東京使之始等。

三　制度化遣使期

　　高麗自重熙七年（1038）八月行遼重熙年號，至天慶六年（1116）四月「以遼為金所侵，正朔不可行，凡文牒除去天慶年號，但用甲

36　（元）脫脫等：《遼史》卷13〈聖宗紀四〉，頁159。
37　（朝鮮王朝）鄭麟趾等：《高麗史（第一）》卷3〈成宗世家〉，頁46。
38　（元）脫脫等：《遼史》卷13〈聖宗紀四〉，頁162。
39　（朝鮮王朝）鄭麟趾等：《高麗史（第一）》卷4〈顯宗世家一〉，頁51。
40　（朝鮮王朝）鄭麟趾等：《高麗史（第一）》卷4〈顯宗世家一〉，頁52。

子」[41]，在結束對遼的朝貢之前，為遼麗使者往來的第三個時期，該時期的最大特點為各項遣使制度逐漸固定，並不斷完善。此時期，遼朝遣使高麗可考者一七三次，平均一年二點二二次，使者姓名可考者一八九人；高麗遣使遼朝可考者一七一次，平均一年二點一九次，使者姓名可考者一五九人。與上一時期相比，此時期遣使制度的日臻完善與制度化體現在以下三個方面：

第一，從遣使頻度上看，七十八年間，遼朝僅有一年不見遣使高麗的記載。同時，雖然高麗最多時曾一年遣使遼朝七次，但仍有二十二年相關史書中無高麗遣使赴遼的記載（詳見表五、表六）。然而與上一時期不同，此時期當為史書闕載。一方面，「《遼史》沒有『交聘表』，其記載頗多疏漏，《高麗史》的記載也時有缺欠，根據現存史料做出的統計是不能反映歷史全貌的」[42]。以高麗派遣賀遼皇帝生辰使為例，此時期的七十八年間，見於史料記載的僅二十六次，然而同時期北宋遣使賀遼皇帝生辰明確見於史書記載的共六十一次[43]，遼朝遣使賀高麗國王生辰共七十次[44]。高麗作為遼朝的藩屬國，遣使賀宗主國皇帝生辰的次數竟不及與遼朝互為「兄弟之國」的北宋的一半，更遠遠低於遼朝遣使賀高麗國王生辰的次數，現存史書對於高麗遣使遼朝史事的嚴重闕載可見一斑。另一方面，若此時期高麗存在二十二年不遣使赴遼的情況，相關史書中應有遼朝譴責，甚至是征伐高麗的記

41　（朝鮮王朝）鄭麟趾等：《高麗史（第二）》卷86〈年表一〉，頁730。

42　楊軍：〈東亞封貢體系確立的時間──以遼金與高麗的關係為中心〉，《貴州社會科學》2008年第5期，頁120。

43　吳曉萍：《宋代外交制度研究》（合肥市：安徽人民出版社，2006年），頁295-313。

44　陳俊達：〈遼朝遣使高麗年表簡編（前期：922年至1038年）〉，《黑龍江史志》2015年第5期，頁8-9；陳俊達：〈遼朝遣使高麗年表簡編──後期：1039年至1120年〉，《黑龍江史志》2015年第8期，頁37-38；陳俊達：〈遼朝遣使高麗年表簡編──後期：1039年至1120年（續）〉，《黑龍江史志》2015年第13期，頁238-239、246。

表五　一○三八年八月至一一一六年四月遼朝遣使高麗表

時間	次數	時間	次數	時間	次數	時間	次數	時間	次數	時間	次數
1038	2	1039	3	1040	3	1041	1	1042	2	1043	3
1044	1	1045	2	1046	1	1047	2	1048	3	1049	2
1050	3	1051	2	1052	1	1053	1	1054	3	1055	6
1056	1	1057	5	1058	4	1059	2	1060	2	1061	2
1062	2	1063	3	1064	2	1065	3	1066	2	1067	1
1068	1	1069	2	1070	1	1071	1	1072	2	1073	1
1074	1	1075	2	1076	3	1077	1	1078	2	1079	1
1080	1	1081	2	1082	1	1083	1	1084	2	1085	3
1086	1	1087	1	1088	4	1089	1	1090	2	1091	2
1092	2	1093	4	1094	4	1095	2	1096	2	1097	2
1098	1	1099	3	1100	4	1101	4	1102	2	1103	3
1104	4	1106	4	1107	1	1108	4	1109	1	1110	1
1111	2	1112	5	1113	1	1114	3	1115	4	1116	1

表六　一○三八年八月至一一一六年四月高麗遣使遼朝表

時間	次數	時間	次數	時間	次數	時間	次數	時間	次數	時間	次數
1038	2	1039	4	1040	4	1041	2	1043	1	1044	4
1045	1	1046	2	1047	1	1048	1	1050	2	1053	1
1054	2	1055	2	1056	1	1057	3	1058	1	1059	1
1065	2	1066	1	1071	1	1072	1	1073	1	1074	1
1075	5	1076	2	1078	1	1081	4	1083	2	1086	7
1087	7	1088	1	1089	1	1090	1	1094	1	1095	5
1096	6	1097	5	1098	4	1099	7	1100	6	1101	2

時間	次數	時間	次數	時間	次數	時間	次數	時間	次數	時間	次數
1102	4	1103	6	1104	6	1105	2	1106	3	1107	4
1108	4	1109	3	1111	4	1112	6	1113	7	1114	3
1115	6	1116	1	不詳	3								

載。如上所述，太平九年（1029）至十年（1030）間，高麗由於大延琳叛亂，一年之中未遣使赴遼，遼朝在平息叛亂後，特遣使來催，「契丹遣千牛將軍羅漢奴來，詔曰：『近不差人往還，應為路梗。今渤海偷主俱遭圍閉，並已歸降，宜遣陪臣，速來赴國，必無虞慮』」[45]。而當高麗於景福元年（1031）單方面終止與遼朝的使者往來後，「停賀正使，仍用聖宗大（太）平年號」[46]，遼朝於重熙二年（1033）與重熙六年（1037），兩度派兵進攻高麗邊境，對高麗施加軍事壓力。然檢索相關史料，此時期遼麗關係和諧發展，無遼朝遣使責備或征伐高麗的記載，同時高麗君臣亦深知「久不修聘，恐有後患」[47]之理，故此時期無遣使赴遼記載的相關年份，應為史料殘缺所導致的。

　　第二，從遣使名目上看，如上所述，遼朝於太平二年（1022）制定新的高麗遣使制度後，由於相關政治原因，未得到認真執行，重熙七年（1038）後高麗遣使遼朝真正實現制度化。「有穩定派遣的常使，也有臨時派遣的泛使」[48]。高麗常使包括每年派遣的賀生辰使、

45　（朝鮮王朝）鄭麟趾等：《高麗史（第一）》卷5〈顯宗世家二〉，頁73。

46　（朝鮮王朝）鄭麟趾等：《高麗史（第一）》卷5〈德宗世家〉，頁75。

47　（朝鮮王朝）鄭麟趾等：《高麗史（第三）》卷94〈徐熙傳〉，頁78。

48　黃純豔：《宋代朝貢體系研究》（北京市：商務印書館，2014年），頁70。本書中，「常使」指遼朝定期向高麗派遣的使者，以及高麗定期向遼朝派遣的使者，即將有固定出使頻率的使者稱為常使，如每年定期出使遼朝的高麗賀生辰使、賀正旦使，每三年定期出使高麗的遼朝聘使（橫宣使）等。其餘沒有固定出使頻率，即不定期或遇有特殊事宜遼朝與高麗間臨時往來派遣的使者，均稱為「泛使」。

賀正旦使、謝賀生辰使與歲貢使，泛使包括問候使、告奏使、乞請使、祭奠弔慰使、朝賀使、謝恩使、獻方物使、赴東京使、赴來遠城使等。遼朝常使包括每年派遣的賀高麗國王生辰使[49]與三年一遣的橫宣使[50]，泛使包括冊封使、示諭使、告哀使、遣留使、祭奠弔慰使、落起復使、東京使等。

第三，從出使官員的職官品級上看，此時期遼朝與高麗使者的職官品級逐漸制度化。如遼朝冊封高麗國王時，正使多以節度使充任，冊封高麗王太子時，正使多以觀察使充任。高麗謝冊封使多以正二品或從二品官員充任，賀遼國主生辰使、謝賀生辰使多以正四品官員充任等。

綜上所述，遼麗經過非制度化遣使時期的四十五年之和戰磨合後，遼朝與高麗間的交往日益頻繁，使者名目、職官品級不斷制度化，雙方最終於重熙七年（1038）後步入制度化遣使時期，各項遣使制度終成定制。

四 衰落消亡期

自高麗於天慶六年（1116）四月停奉遼朝正朔，至遼朝滅亡前，遼朝遣使高麗可考者僅兩次，天慶九年（1119）遣蕭公聽、耶律遵慶赴高麗促進貢[51]；天慶十年（1120）遣樂院副使蕭遵禮赴高麗請兵[52]。高麗遣使遼朝可考者僅一次，即保大三年（1123）八月，「遣河則寶

---

49 陳俊達、邵曉晨：〈關於遼朝遣使冊封、加冊及賀高麗國王生辰的新思考——兼論封貢體系下宗主國宗主權的行使〉，《赤峰學院學報（漢文哲學社會科學版）》2015年第5期，頁9。

50 劉一：〈遼麗封貢制度研究〉，《滿族研究》2012年第2期，頁63-64。

51 （朝鮮王朝）鄭麟趾等：《高麗史（第一）》卷14〈睿宗世家三〉，頁213。

52 （朝鮮王朝）鄭麟趾等：《高麗史（第一）》卷14〈睿宗世家三〉，頁214。

如遼，自龍州泛海，不達而還」[53]。遼麗間的制度化遣使隨著遼王朝的崩潰而迅速走向衰落消亡。

天慶四年（1114）九月，女真首領完顏阿骨打發動反遼鬥爭後，連續大敗遼軍於寧江州、出河店，連下咸、賓、祥三州。天慶五年（1115）正月，阿骨打稱帝建國。同年，攻占遼朝北方軍事重鎮黃龍府，並大敗天祚帝親征。天慶六年（1116）正月，遼裨將渤海人高永昌趁遼軍節節敗退之際，據東京叛亂，「永昌見遼政日敗，太祖（指金太祖完顏阿骨打）起兵，遼人不能支，遂覬覦非常」，僭號大渤海皇帝，改元隆基[54]。同年五月，金軍擒高永昌，攻克遼東京。動盪的時局嚴重影響了遼麗間正常的使者往來，一一一五年為高麗制度化遣使遼朝的最後一年，是年見於史書記載高麗派遣出使遼朝的常使包括賀天興節使尹彥純、賀正使李德允與謝賀生辰使（使者姓名不詳），泛使包括進奉使徐昉、謝橫宣使尚書李壽、侍郎黃君裳與謝落起復使（使者姓名不詳）。然而六使者中，謝賀生辰使、謝橫宣使、謝落起復使三使團，在抵達遼麗邊境後，遼以「近緣邊境多故」，[55]令返回高麗。賀天祚帝生辰使、進奉使、賀正使三使團，均被高永昌扣留。「時金兵起，路梗，又高永昌叛據東京，彥純與徐助（『昉』之誤）、李德允等為永昌所拘，逼令上表稱賀」[56]。高麗為此特於天慶六年（1116）閏月，「遣秘書校書郎鄭良稷稱為安北都護府衙前，持牒如遼東京，詗知節日使尹彥純、進奉使徐昉、賀正使李德允等稽留事」[57]。由於東京不僅是遼朝「控扼高麗的樞紐」[58]，更是「高麗朝貢道

53　（朝鮮王朝）鄭麟趾等：《高麗史（第一）》卷15〈仁宗世家一〉，頁220。

54　（元）脫脫等：《遼史》卷28〈天祚皇帝紀二〉，第374頁；（元）脫脫等：《金史》卷71〈斡魯傳〉（北京市：中華書局，2020年），頁1734。

55　（朝鮮王朝）鄭麟趾等：《高麗史（第一）》卷14〈睿宗世家三〉，頁204。

56　（朝鮮王朝）鄭麟趾等：《高麗史（第三）》卷96〈尹瓘傳〉，頁117。

57　（朝鮮王朝）鄭麟趾等：《高麗史（第一）》卷14〈睿宗世家三〉，頁204。

路中必經之處」[59]，東京遼陽府的失陷，標誌著高麗與遼朝間陸路聯繫的徹底斷絕，此後高麗雖多次嘗試遣使赴遼，無奈「道途阻礙，難通貢賀」[60]，保大三年（1123）八月前，僅見遼朝遣使催促高麗進貢與請兵，高麗相關遣使不可考。

保大二年（1122）四月，睿宗去世，仁宗即位。然而此時，金軍在連下遼中京、澤州、北安州後，繼續西進，天祚帝被迫西走。遼帝自身難保，自然無法冊封高麗仁宗。此時一向與遼朝爭奪中國「正統」地位的北宋，遣使赴高麗，表達希望高麗遣使北宋請求冊封的意願。據《高麗史》記載：「仁宗元年（1123）六月甲午，宋國信使禮部侍郎路允迪、中書舍人傅墨卿來。庚子，迎詔於會慶殿……路允迪等告王曰：『帝聞先國王薨逝，嗣王傳業，故遣使致奠。弔慰詔書祭文，皆御制親札。在元豐閑（間），祭弔止是常例，今恩禮甚異。大觀年閑（間），所降詔書內，特去『權』字，以示真王之禮。今此御札，亦示殊恩。但先王為已受遼冊命，故避諱耳。今遼命已絕，可以請命朝廷』」。但是高麗仁宗委婉地謝絕了北宋的「好意」。王答曰：「弊邦自祖宗以來，樂慕華風。況我先考，以禮事大，以忠述職，雖在海外，心常在於王室，故天子灼見，屢加寵澤。今又親制祭文，特示異恩，於臣職銜，又去『權』字，雖先考嘗蒙此禮，小子何足以當之？所謂冊命，天子所以褒賞諸侯之大典也。今憂制未終，而遽求大典，於義未安，實增惶愧。冀於明年遣使謝恩，並達微誠。惟公等善為敷奏」[61]。而於同年八月派遣河則寶赴遼，關於此次遣使的目的，史籍闕載，但從高麗回絕北宋使者來看，高麗此次遣使當有了解中原

---

58 康鵬：《遼代五京體制研究》（北京市：北京大學博士學位論文，2007年），頁59。

59 王占峰：《高麗與遼、北宋朝貢路研究》（延吉市：延邊大學碩士學位論文，2008年），頁26。

60 （朝鮮王朝）鄭麟趾等：《高麗史（第一）》卷14〈睿宗世家三〉，頁213。

61 （朝鮮王朝）鄭麟趾等：《高麗史（第一）》卷15〈仁宗世家一〉，頁219-220。

時局、了解遼朝國運之意。河則寶此次出使，表明高麗「在陸路交通斷絕的情況下，仍試圖謀求通過海路與遼聯絡」[62]，最終「不達而還」標誌著遼麗間使者往來的徹底終結。

小結

綜上所述，遼朝與高麗間的使者往來自天贊元年（西元922年）開始，終於保大三年（1123）遼朝滅亡前夕。二百多年間，根據遼麗使者往來的自身特點，可以劃分為四個時期，即平等往來期（西元922年至西元994年2月）、非制度化遣使期（西元994年2月至1038年8月）、制度化遣使期（1038年8月至1116年4月）、衰落消亡期（1116年4月至1123年8月）。遼麗使者往來在經歷了平等往來時期的試探與非制度化遣使時期的磨合後，使者往來日益頻繁，使者名目、職官品級日益規範，最終於重熙七年（1038）後各項遣使制度成為定制，雙方遣使步入制度化遣使時期，直到遼王朝在女真人的打擊下崩潰瓦解才走向衰落消亡。

同時，重熙七年（1038）後，遼麗使者往來中出現的兩個新特點亦值得我們關注。第一，遼朝冊封高麗國王實現制度化。重熙七年以前，高麗成宗即位時，高麗尚未成為遼朝的藩屬國；顯宗即位後不久即與遼朝進入大規模交戰階段；德宗即位後，更是由於遼麗關係的惡化導致雙方使者往來中斷五年之久[63]（德宗僅在位四年便病逝）而沒有得到遼朝冊封。重熙七年以後，隨著遼麗使者往來實現制度化，遼朝對高麗國王的冊封亦隨之制度化。一般來說，高麗新國王即位後，首

---

62 付百臣：《中朝歷代朝貢制度研究》，頁35。

63 （朝鮮王朝）鄭麟趾等：《高麗史（第一）》卷5〈德宗世家〉，頁75；（朝鮮王朝）鄭麟趾等：《高麗史（第三）》卷94〈王可道傳〉，頁90。

先須遣使至遼朝「告哀」、「告嗣位」。其次，遼朝在得知高麗國王去世後，遣使「賵贈」、「祭奠」、「弔慰」、「起復」等。這一過程須時十三個月至二十八個月不等。[64]再次，遼朝令「所司擇日，備禮冊命」[65]，派遣百人以上規模的冊封使團前往高麗。如重熙十二年（1043），遼朝遣「冊封使蕭慎微、使副韓紹文、都部署利川管內觀察留後劉日行、押冊使殿中監馬至柔、讀冊將作少監徐化洽、傳宣檢校左散騎常侍韓貽孫等一百三十三人來（冊封高麗國王）」[66]。最後高麗國王率百官接受遼朝冊封，並接受遼朝所賜冠服、車輅等物。有時遼朝冊封高麗國王後，亦會對高麗王太子進行冊封。重熙七年（1038）後，僅有高麗順宗因在位三個月病逝，獻宗在遼朝正式冊封前下制退位，而未能得到遼朝冊封。

　　第二，遼麗間在交往禮儀方面實現制度化，不僅出現了《高麗使入見儀》、《曲宴高麗使儀》、《高麗使朝辭儀》[67]等禮儀制度，雙方更是在具有鮮明封貢體系特徵的「歲貢」與「回賜」上實現了制度化。[68]重熙七年（1038）以前，高麗存在連續多年不進貢的情況，且貢物

---

64 陳俊達、邵曉晨：〈關於遼朝遣使冊封、加冊及賀高麗國王生辰的新思考——兼論封貢體系下宗主國宗主權的行使〉，《赤峰學院學報（漢文哲學社會科學版）》2015年第5期，頁8。

65 （朝鮮王朝）鄭麟趾等：《高麗史（第一）》卷10〈獻宗世家〉，頁154-155。

66 （朝鮮王朝）鄭麟趾等：《高麗史（第一）》卷6〈靖宗世家〉，頁91。

67 （元）脫脫等：《遼史》卷51〈禮志四〉，頁950-952。

68 韓國學者全海宗將（典型的）朝貢關係分為經濟關係、禮儀關係、軍事關係和政治關係四種，而經濟關係中，最重要的就是貢物和回賜。（韓）全海宗：〈韓中朝貢關係概觀——韓中關係史鳥瞰〉，全海宗著、全善姬譯：《中韓關係史論集》，頁133。遼麗之間的朝貢關係作為這種「典型而實質的朝貢關係」（魏志江：〈遼宋麗三角關係與東亞地區秩序〉，復旦大學韓國研究中心編：《韓國研究論叢》第四輯，頁321），只有先存在穩定牢固的宗藩關係，才會出現歲貢使。重熙七年（1038）以前，遼麗之間爆發了多次大規模戰爭，期間雖於太平二年（1022）雙方一度恢復朝貢關係，但隨著遼聖宗去世，高麗重提遼退出保州城，拆毀鴨綠江浮橋等要求，雙

品種頗雜，見於記載的除主要貢物「納幣」外，還包括妓樂、鷹、地里圖、龍鬚草席等，同時多有著深刻的政治背景（如前文所述貢本國地里圖是臣服示弱的表現）。直到重熙七年（1038）四月，高麗遣尚書左丞金元沖赴遼，七月，金元沖使遼還，並帶回遼興宗給高麗靖宗的詔書：「省所上表謝恩令朝貢，並進捧金吸瓶、銀藥瓶、幞頭、紗紵布、貢平布、腦原茶、大紙、細墨、龍鬚簟席等事具悉」[69]。由詔書內容可知，金元沖此次進貢的物品有金吸瓶、銀藥瓶、幞頭等。而據《契丹國志》記載，高麗每年的常貢物品有：「金器二百兩，金抱肚一條五十兩，金鈔鑼五十兩，金鞍轡馬一匹五十兩，紫花綿紬一百匹，白綿紬五百匹，細布一千匹，麄布五千匹，銅器一千斤，法清酒醋共一百瓶，腦元茶十斤，藤造器物五十事，成形人參不定數，無灰木刀攞十箇，細紙墨不定數目」[70]。雖然金元沖所貢物品沒有《契丹國志》記載的那樣齊全，但如果我們將金吸瓶歸入金器二百兩之中的話，金元沖貢物中僅有龍鬚簟席、幞頭、銀藥瓶不見《契丹國志》記載。考慮到一○三八年是高麗重新恢復向遼朝朝貢的第一年，進貢物品的種類和數量較《契丹國志》記載有所出入也在情理之中。因而高麗貢物品種應於重熙七年（1038）以後實現制度化。[71]

　　遼朝作為宗主國，對於高麗的歲貢給予的回賜是極其豐厚的，據

　　方關係再度惡化，高麗甚至單方面終止朝貢關係。直到重熙七年（1038）四月，高麗遣尚書左丞金元沖赴遼，「起居謝恩，仍請年號」，八月「始行契丹重熙年號」之後，遼麗宗藩關係才最終穩定下來，並不斷發展。因此，高麗貢使發展為歲貢使應在重熙七年（1038）以後。

69　（朝鮮王朝）鄭麟趾等：《高麗史（第一）》卷6〈靖宗世家〉，頁85。

70　（宋）葉隆禮撰，賈敬顏、林榮貴點校：《契丹國志》卷21〈外國貢進禮物〉（北京市：中華書局，2014年），頁228-229。

71　高麗除歲貢物品外，還有「橫進物件」，包括「粳米五百石，糯米五百石，織成五彩御衣金不定數」，（宋）葉隆禮撰，賈敬顏、林榮貴點校：《契丹國志》卷21〈外國貢進禮物〉，頁229。

《契丹國志》記載，遼朝每次的回賜物品有：「犀玉腰帶二條，細衣二襲，金塗鞍轡馬二匹，素鞍轡馬五匹，散馬二十匹，弓箭器仗二副，細綿綺羅綾二百匹，衣著絹一千匹，羊二百口，酒菓子不定數」。賜給高麗貢使的物品為：「金塗銀帶二條，衣二襲，錦綺三十疋，色絹一百匹，鞍轡馬二匹，散馬五匹，弓箭器一副，酒菓不定數」。賜給「上節從人」的物品有：「白銀帶一條，衣一襲，絹二十匹，馬一匹」。賜給「下節從人」的物品有：「衣一襲，絹十匹，紫綾大衫一領」。以上禮物遼朝「命刺史已上官充使，一行六十人，直送入本國」。[72]

至此，我們可以得出結論，在高麗之前的新羅，「對唐的朝貢關係雖然超過前代，但仍未達到制度化的層面」[73]。然而，至遼興宗重熙七年（1038）以後，遼朝與高麗之間的封貢關係在冊封、使節往來頻度、交往禮儀等方面都已經步入了制度化階段。那麼可以斷定，遼朝與高麗之間的關係已經由簡單的封貢關係步入到制度化的封貢體系之內。據此，本章最後認為，重熙七年（1038）八月高麗「始行契丹重熙年號」[74]，應作為東亞封貢體系正式形成的標誌。

---

72 （宋）葉隆禮撰，賈敬顏、林榮貴點校：《契丹國志》卷21〈外國貢進禮物〉，頁229-230。

73 楊軍：〈東亞封貢體系確立的時間──以遼金與高麗的關係為中心〉，《貴州社會科學》2008年第5期，頁118。

74 （朝鮮王朝）鄭麟趾等：《高麗史（第一）》卷6〈靖宗世家〉，頁85。

第二章
高麗使遼使者類型及其派遣

目前學界對遼麗關係的研究，多集中在遼朝與高麗間的政治、經濟、文化交流上，而對於遣使問題並沒有比較翔實的研究。研究遼朝與高麗間的使者往來，不僅能夠幫助我們加深對遼麗間政治互動的理解，全面掌握遼麗關係的演變脈絡和規律，同時對處理當下國際關係也具有一定的現實意義。就筆者目前掌握情況來看，學界對於高麗遣使遼朝的使者類型及其派遣等問題存在較大爭議，對高麗使遼使者名目並未進行深入充分的研究[1]。本章擬依據出使目的和頻率，將高麗使者分為常使和泛使兩類，詳細考察高麗使遼使者類型及其派遣等問題，並在此基礎上從遣使的角度考察高麗如何維繫與遼朝間的藩屬關係，凸顯使者在中朝關係史中所起的作用，以期為中朝關係史研究提供新的視角。

一 常使

「常使」指高麗每年定期向遼朝派遣的使者，包括賀生辰使、賀正旦使、謝賀生辰使與歲貢使。

（一）賀生辰使

高麗賀生辰使包括賀遼皇帝生辰使、賀遼太后生辰使、賀遼皇后

---

1 陳俊達：〈高麗遣使遼朝研究述評〉，《綏化學院學報》2015年第2期，頁123。

生辰使、賀遼太皇太后生辰使。統和二十七年（1009）四月，高麗首次向遼派遣賀生辰使[2]，「遣借工部侍郎李有恆如契丹賀太后生辰」[3]。而直到統和二十九年（1011），高麗遣使賀聖宗生辰才見於史書記載，「十一月壬午，遣刑部侍郎金殷傅如契丹，賀生辰」[4]。太平二年（1022），高麗除遣使賀遼皇帝生辰外，又遣使賀遼皇后生辰。據《高麗史》記載：「顯宗十三年（1022）八月庚子，契丹東京持禮使李克方來，言自今春夏季問候使並差一次，與賀千齡、正旦使同行；秋冬季問候使並差一次，與賀太后生辰使同行。九月癸未，遣都官郎中尹宗元如契丹，賀太后生辰」[5]。因承天太后此時已去世，同時其生日為五月初五[6]，與此遣使時間不吻合。故此處「賀太后生辰」是對統和二十七年（1009）遣使名目的沿襲，非實際賀生辰對象。由「顯宗十九年（1028）九月戊申，遣左司郎中林福如契丹賀皇后生辰」[7]。知實際賀生辰對象為聖宗齊天皇后，生日在十月下旬，並於十一月受賀[8]，時間上正相吻合。

---

2 據《續資治通鑑長編》記載：「景德二年（1005）二月癸卯，命開封府推官、太子中允、直集賢院孫僅為契丹國母生辰使，右侍禁、閤門祗候康宗元副之，行李、傔從、什器並從官給……國母書外，別致書國主，問候而已。自是至國母卒，其禮皆然」；同年「十月丙戌，遣度支判官、太常博士周漸為契丹國主生辰使，侍禁、閤門祗候郭盛副之……自是歲以為常」，（宋）李燾：《續資治通鑑長編》卷59、61，真宗景德二年（1005）二月、十月（北京市：中華書局，2004年），頁1319、1370。知北宋首次派遣賀生辰使赴遼時，於一年之內相繼遣使賀遼承天太后與聖宗生辰。而現存相關史書關於高麗首次向遼派遣賀生辰使的記載，僅見遣使賀承天太后生辰，關於高麗是否於同年遣使賀遼聖宗生辰，有待於新史料的發現。

3 （朝鮮王朝）鄭麟趾等：《高麗史（第一）》卷4〈顯宗世家一〉，頁51。

4 （朝鮮王朝）鄭麟趾等：《高麗史（第一）》卷4〈顯宗世家一〉，頁55。

5 （朝鮮王朝）鄭麟趾等：《高麗史（第一）》卷4〈顯宗世家一〉，頁66。

6 傅樂煥：《遼史叢考》（北京市：中華書局，1984年），頁250。

7 （朝鮮王朝）鄭麟趾等：《高麗史（第一）》卷5〈顯宗世家二〉，頁70-71。

8 傅樂煥：《遼史叢考》，第248-250。

高麗賀遼皇后生辰制度僅存在了九年（1022-1030）。太平十一年（1031）六月興宗即位後，生母法天太后令馮家奴等誣告齊天皇后與蕭浞卜、蕭匹敵等謀亂，於同月遷齊天皇后於上京，次年春遣人加害。同時以自己生日為應聖節，接受內外朝賀。故高麗於重熙六年（1037）十二月恢復與遼朝的使者往來後，重熙九年（1040）遣使賀興宗母法天太后生日。清寧元年（1055）道宗即位後，法天太后被尊為太皇太后，故高麗改遣使「賀太皇太后生辰」[9]。清寧三年（1057）十二月，法天太皇太后去世，高麗復改遣使「賀坤寧節（道宗母宗天太后生日）」[10]。大康二年（1076）宗天太后去世，又宣懿皇后已於大康元年（1075）自盡[11]，故高麗遣使賀遼太后、皇后生辰制度遂告終結。此後高麗每年僅遣使賀遼皇帝生辰，一直持續到天慶五年（1115）。

（二）賀正旦使

太平二年（1022）以前，高麗賀正旦使不見於史籍記載。由是年八月李克方言：「自今春夏季問候使並差一次，與賀千齡、正旦使同行；秋冬季問候使並差一次，與賀太后生辰使同行」[12]。以及《東史綱目》、《增補文獻備考》等史籍記載太平二年以前「時朝廷於契丹，四季各有問候使，正朝及其主（與）太后生辰，皆有賀使」[13]。知高麗賀正旦使派遣制度的確立時間早於太平二年（1022）。由於聖宗生

9　（朝鮮王朝）鄭麟趾等：《高麗史（第一）》卷8〈文宗世家二〉，頁113。

10　（朝鮮王朝）鄭麟趾等：《高麗史（第一）》卷9〈文宗世家三〉，頁130。

11　（元）脫脫等：《遼史》卷23〈道宗紀三〉，頁315。

12　（朝鮮王朝）鄭麟趾等：《高麗史（第一）》卷4〈顯宗世家一〉，頁66。

13　（朝鮮王朝）安鼎福：《東史綱目》卷七上，顯宗十三年（1022）秋八月，頁205；（韓）洪鳳漢、李萬運、朴容大：《增補文獻備考》卷172〈交聘考二〉（首爾市：明文堂，2000年），頁1017。

日千齡節為十二月二十七,並於同日受賀,與正旦日相近,故相關史書可能將賀正旦使的活動與賀聖宗生辰使合記為一條,因而不見於史籍記載。而興宗生日永壽節為二月二十三,改期至正月受賀[14],故興宗在位期間,高麗賀遼皇帝生辰使與賀正旦使由同一使團兼任。如重熙七年(1038)十一月,「遣崔忠恭如契丹,賀永壽節,仍賀正」;重熙八年(1039)十二月,「遣戶部侍郎宋融如契丹,賀永壽節兼賀正」[15]。《張績墓誌》亦載:「(重熙)十三年(1044)正月,□□□郎、□大理寺丞。當年冬,以案空加宣義郎、驍騎尉。尋奉詔接送賀永壽正旦高句麗(『高麗』之誤)人使」[16]。道宗、天祚帝均改期在十二月受賀,其中道宗的受賀日期為十二月初七[17],距離正旦日約一個月,故道宗、天祚帝在位期間,高麗賀遼皇帝生辰與賀正旦分別由兩個使團負責,多為同時派遣或派遣賀遼皇帝生辰使後一個月派遣賀正旦使。如壽昌元年(1095)「十一月甲寅,遣崔用圭賀正、董彭載賀天安節」;壽昌二年(1096)「冬十月乙酉,遣吳延寵如遼賀天安節。十一月戊申,遣白可臣賀正」[18]。乾統三年(1103)「冬十月庚申,遣宋琳如遼賀天興節。十一月丁酉,遣沈侯賀正」;乾統四年(1104)「冬十月庚午,遣智寵延如遼賀天興節,崔德愷賀正」[19]。高麗每年遣使赴遼賀正旦制度,一直持續到天慶五年(1115)。

---

14 傅樂煥:《遼史叢考》,頁249。

15 (朝鮮王朝)鄭麟趾等:《高麗史(第一)》卷6〈靖宗世家〉,頁86-87。

16 清寧九年(1063)《張績墓誌》,向南:《遼代石刻文編》(石家莊市:河北教育出版社,1995年),頁314。

17 傅樂煥:《遼史叢考》,頁249。

18 (朝鮮王朝)鄭麟趾等:《高麗史(第一)》卷11〈肅宗世家一〉,頁157-160。

19 (朝鮮王朝)鄭麟趾等:《高麗史(第一)》卷12〈肅宗世家二〉,頁173-175。

（三）謝賀生辰使

　　自統和十五年（西元997年）聖宗遣千牛衛大將軍耶律迪烈赴高麗賀成宗「千秋節」[20]，開遼朝遣使賀高麗國王生辰之始，至天慶六年（1116）天祚帝遣大理卿張言中賀高麗睿宗生辰為止，一百二十年間，遼朝派遣賀高麗國王生辰使可考者七十九次，是遼朝派遣出使高麗的使團中頻度最高的。遼朝僅在忙於祭奠去世的高麗國王、冊封即位的新王的年份中不派遣賀生辰使，其餘年份，即使是在遼朝皇帝去世時，也未曾停止賀生辰使的派遣。遼朝作為高麗的宗主國，遣使賀高麗國王生辰不是遼麗地位平等的體現，而與冊封一樣，是承認高麗國王的標誌[21]。高麗國王在遼朝遣使賀生辰後，須遣使謝恩。

　　據《高麗史》記載，清寧元年（1055）十月，「生辰回謝使戶部侍郎崔宗弼還自契丹」[22]，此為高麗謝賀生辰使首次見於記載。崔宗弼此次出使為感謝遼朝於重熙二十三年（1054）「遣復州刺史耶律新來賀（文宗）生辰」[23]。同時清寧元年（1055）之前，遼朝分別於統和十五年（西元997年）遣使賀高麗成宗生辰、太平三年（1023）至太平九年（1029）及景福元年（1031）八次遣使賀顯宗生辰、重熙八年（1039）至重熙十四年（1045）七次遣使賀靖宗生辰、重熙十七年（1048）至是年八次遣使賀文宗生辰。而之所以僅有一〇五五年崔宗

20　（朝鮮王朝）鄭麟趾等：《高麗史（第一）》卷3〈穆宗世家〉，頁47。按：千秋節，即千春節，乾亨四年（西元982年）高麗成宗以自己生日為千春節，統和元年（西元983年）十二月「以千春節改為千秋節」（朝鮮王朝）鄭麟趾等：《高麗史（第一）》卷3〈成宗世家〉，頁36-37。

21　陳俊達、邵曉晨：〈關於遼朝遣使冊封、加冊及賀高麗國王生辰的新思考——兼論封貢體系下宗主國宗主權的行使〉，《赤峰學院學報（漢文哲學社會科學版）》2015年第5期，頁8-9。

22　（朝鮮王朝）鄭麟趾等：《高麗史（第一）》卷7〈文宗世家一〉，頁108。

23　（朝鮮王朝）鄭麟趾等：《高麗史（第一）》卷7〈文宗世家一〉，頁106。

弼出使見於記載，是由於崔宗弼「宗」字犯「帝名宗真」諱，遼朝禮
部令改名，於是崔宗弼於表文中改稱崔弼。而高麗門下省認為崔宗弼
「擅改表文」，「有辱使命」，應處罰[24]。崔宗弼在外交禮節上的處置失
當引發高麗朝臣的爭論，因而《高麗史》將其記錄在此。故高麗謝賀
生辰使制度的確立應在此之前。

　　高麗國王在接受遼朝賀生辰後，多於同年或次年派遣賀遼皇帝生
辰使或賀正旦使時，派遣謝賀生辰使。如高麗文宗於大康六年
（1080）十二月接受遼永州管內觀察使高嗣賀生辰後，於次年五月遣
閣門引進使高夢臣如遼賀天安節、閣門祗候崔周砥賀正時，遣右補闕
魏絳謝宣賜生辰。睿宗於乾統七年（1107）正月接受高存壽賀生辰
後，於同年六月遣考功郎中朴景伯如遼賀天興節、起居舍人朴景中賀
正時，遣刑部員外郎李韶永謝賀生辰。高麗遣使赴遼謝賀生辰，一直
持續到天慶五年（1115）。

（四）歲貢使

　　高麗貢使由來已久，早在統和十一年（西元993年）[25]遼朝發動對
高麗的第一次征伐後，高麗成宗即遣侍中朴良柔作為禮幣使赴遼[26]。
高麗成為遼朝屬國後，多次遣使赴遼進貢，由大安四年（1088）三
月，遼道宗下詔「免高麗歲貢」[27]，可知在此之前高麗每年向遼的進
貢已經制度化。

　　高麗貢使發展為歲貢使，不僅是名稱上的變化，也是遼麗兩國關
係、地位變化的體現。遼麗間通過歲貢與回賜，不僅維繫了兩國間的

24　（朝鮮王朝）鄭麟趾等：《高麗史（第一）》卷7〈文宗世家一〉，頁108。

25　陳俊達：〈遼對高麗的第一次征伐新探〉，《邢臺學院學報》2014年第3期，頁105。

26　（朝鮮王朝）鄭麟趾等：《高麗史（第三）》卷94〈徐熙傳〉，頁78。

27　（元）脫脫等：《遼史》卷25〈道宗紀五〉，頁334。

宗藩關係，同時高麗亦獲取了經濟利益。若按當下的概念，遼麗間完成了一次禮物交換，進行了一次「貢賜貿易」。

二　泛使

「泛使」指高麗不定期或遇有特殊事宜臨時向遼朝派遣的使者，包括問候使、告奏使、乞請使、祭奠弔慰使、朝賀使、謝恩使、獻方物使、赴東京使、赴來遠城使等。

（一）問候使

問候使是高麗在成為遼朝屬國早期派遣赴遼問候起居的使者。由太平二年（1022）八月，東京持禮使李克方通知高麗新的遣使制度：「自今春夏季問候使並差一次，與賀千齡、正旦使同行；秋冬季問候使並差一次，與賀太后生辰使同行」[28]。以及「時朝廷於契丹，四季各有問候使，正朝及其主與太后生辰，皆有賀使」[29]。可知在此之前高麗問候使應一年派遣四次。然而由於相關政治原因，太平二年（1022）八月以前，僅見高麗問候使六次[30]。故當太平元年（1021）遼麗雙方結束大規模軍事衝突後[31]，遼朝於次年對原有的高麗遣使制度進行修改，將高麗四季各遣問候使減少為每年上下半年各遣一次問候使。然而由於此後爆發的大延琳叛亂、聖宗去世後遼麗關係的再度緊張，以及太平二年（1022）遼朝規定的高麗問候使的出使時間是依

28　（朝鮮王朝）鄭麟趾等：《高麗史（第一）》卷4〈顯宗世家一〉，頁66。

29　（朝鮮王朝）安鼎福：《東史綱目》卷七上，顯宗十三年（1022）秋八月，頁205。

30　據《遼史》、《高麗史》、《高麗史節要》、《東國通鑑》、《東史綱目》、《增補文獻備考》等史料統計。

31　蔣非非、王小甫等：《中韓關係史（古代卷）》，頁169。

據聖宗、承天太后生辰的受賀日期分別為十二月二十七與五月初五[32]
制定的，故上下半年各遣一次。而之後的興宗、道宗、天祚帝，以及
齊天皇后、法天太后、宗天太后生辰的受賀日期皆集中於十一月、十
二月、正月[33]，故高麗在之後的交往中從未按照此規定執行。高麗問
候使最後一次見於史籍記載是在重熙七年（1038）四月，高麗遣尚書
左丞金元沖赴遼，「起居謝恩，仍請年號」[34]。然而按照太平二年
（1022）遼朝規定，高麗春夏季問候使並差一次，與賀遼皇帝生辰
使、正旦使同行。由上文詔書內容可知，金元沖於是年四月赴遼問候
「夏季起居事」，而十一月，高麗「遣崔忠恭如契丹，賀永壽節，仍
賀正」[35]，金元沖的出使時間與規定不合。同時，金元沖此次出使，
最重要的使命是感謝遼朝於是年三月重新承認高麗藩屬國的身分，同
意高麗「所奏乞修朝貢事」，並正式向遼朝朝貢。可知此時高麗問候
使的使命轉而由高麗歲貢使代行，此後高麗問候使退出歷史舞臺，不
再見於史書記載。

（二）告奏使

統和十二年（西元994年）二月，高麗「始行契丹統和年號」。同
年四月，「遣侍中朴良柔奉表如契丹，告行正朔」[36]。此為見於記載的
高麗首次向遼派遣告奏使。此後，每逢高麗國內發生大事時，皆必須
派遣告奏使向遼朝報告。首先，高麗國王或王太后去世時，須遣使告
哀。如大康九年（1083）七月，文宗去世，同月「遣左拾遺知制誥吳

---

32 傅樂煥：《遼史叢考》，頁249-250。

33 傅樂煥：《遼史叢考》，頁249-250。

34 （朝鮮王朝）鄭麟趾等：《高麗史（第一）》卷6〈靖宗世家〉，頁85。

35 （朝鮮王朝）鄭麟趾等：《高麗史（第一）》卷6〈靖宗世家〉，頁86。

36 （朝鮮王朝）鄭麟趾等：《高麗史（第一）》卷3〈成宗世家〉，頁45-46。

仁俊如遼告哀」[37]。「乾統五年（1105）冬十一月丙辰，高麗三韓國公王顒薨，子俁遣使來告。」[38]。其次，高麗新王即位後，須遣使告嗣位。如統和十五年（西元997年）十一月，穆宗「遣閤門使王同穎如契丹告嗣位」[39]。再次，高麗國王在冊立太子後，須遣使彙報。如開泰九年（1020）四月，顯宗「遣禮部尚書梁積、刑部侍郎韓去華如契丹，告封王子」[40]。最後，高麗在發動對外戰爭，或議和停戰後，同樣需要遣使彙報。如高麗在發動對女真的戰爭後，乾統九年（1109）二月「遣李汝霖如遼奏新築東界九城」，而與女真議和停戰後，「遣都宮（官）郎中李國瓊如遼，奏還女真九城」[41]。此外，高麗顯宗還曾遣使赴遼告奏因病不能親朝、肅宗曾遣使告奏獻宗因病禪位等。

（三）乞請使

統和十一年（西元993年）遼朝發動對高麗的第一次征伐後，同年閏月，高麗成宗先後派遣李蒙戩、張瑩、徐熙赴遼軍軍營請和，此為高麗派遣乞請使之始。之後，遼麗戰爭期間，迫於遼軍強大的軍事壓力，高麗多次遣使請和，如李禮均、王同穎、河拱辰、高英起等。

和平時期，高麗派遣乞請使赴遼的目的主要有四種。首先，請求遼朝冊封。如重熙二十三年（1054）六月，「高麗王徽請官其子，詔加檢校太尉」[42]。壽昌五年（1099）十月，「高麗王顒遣使乞封冊」[43]。其次，請求遼朝罷修榷場。如大安四年（1088）九月，「遣太僕少

37　（朝鮮王朝）鄭麟趾等：《高麗史（第一）》卷9〈順宗世家〉，頁140。

38　（元）脫脫等：《遼史》卷27〈天祚皇帝紀一〉，頁360。

39　（朝鮮王朝）鄭麟趾等：《高麗史（第一）》卷3〈穆宗世家〉，頁47。

40　（朝鮮王朝）鄭麟趾等：《高麗史（第一）》卷4〈顯宗世家一〉，頁63。

41　（朝鮮王朝）鄭麟趾等：《高麗史（第一）》卷13〈睿宗世家二〉，頁187、191。

42　（元）脫脫等：《遼史》卷20〈興宗紀三〉，頁281。

43　（元）脫脫等：《遼史》卷26〈道宗紀六〉，頁350。

卿金先錫如遼,乞罷榷場」[44]。再次,請求遼朝撤銷鴨綠江沿岸的軍事據點。如重熙八年(1039)二月,「遣戶部郎中庾先謝安撫,仍請罷鴨江東加築城堡」[45]。最後,請求遼朝賜地。如大康四年(1078)四月,「高麗遣使乞賜鴨淥(綠)江以東地,不許」[46]。此外,高麗還曾遣使遼朝請還所俘人畜[47]、請婚[48]、請朝[49]、乞稱臣如舊[50]、乞貢方物[51]、請年號[52]等,不一而足。

(四)祭奠弔慰使

高麗作為遼朝屬國,在得知遼皇帝、皇太后駕崩後,須遣使祭奠、弔慰、會葬。如聖宗母承天太后去世後,統和二十八年(1010)二月,「高麗遣魏守愚等來祭」。三月,「高麗遣使來會葬」[53]。聖宗去世後,景福元年(1031)七月,「高麗遣使弔慰」[54]。此外,因統和十四年(西元996年)三月,「高麗王治表乞為婚,許以東京留守、駙馬蕭恆德女嫁之」[55]。而蕭恆德於統和元年(983)「尚越國公主,拜駙馬都尉」[56]。故越國公主可以視作高麗成宗王治的准岳母,因此在其去世後,高麗特於統和十五年(西元997年)七月,遣使「弔越國公

44 (朝鮮王朝)鄭麟趾等:《高麗史(第一)》卷10〈宣宗世家〉,頁147。

45 (朝鮮王朝)鄭麟趾等:《高麗史(第一)》卷6〈靖宗世家〉,頁86。

46 (元)脫脫等:《遼史》卷23〈道宗紀三〉,頁319。

47 (元)脫脫等:《遼史》卷13〈聖宗紀四〉,頁156。

48 (元)脫脫等:《遼史》卷13〈聖宗紀四〉,頁160。

49 (朝鮮王朝)鄭麟趾等:《高麗史(第三)》卷94〈智蔡文傳〉,頁84。

50 (元)脫脫等:《遼史》卷15〈聖宗紀六〉,頁187。

51 (元)脫脫等:《遼史》卷16〈聖宗紀七〉,頁209。

52 (朝鮮王朝)鄭麟趾等:《高麗史(第一)》卷6〈靖宗世家〉,頁85。

53 (元)脫脫等:《遼史》卷15〈聖宗紀六〉,頁183。

54 (元)脫脫等:《遼史》卷18〈興宗紀一〉,頁240。

55 (元)脫脫等:《遼史》卷13〈聖宗紀四〉,頁160。

56 (元)脫脫等:《遼史》卷88〈蕭恆德傳〉,頁1476。

主之喪」[57]。這也是見於史書記載的高麗唯一一次遣使弔慰除遼皇帝、太后以外的其他人員。

（五）朝賀使

高麗每逢遼朝國內有重大喜訊時，須遣使朝賀。首先，遼朝皇帝即位時，高麗須遣使賀即位。如興宗即位後，高麗於景福元年（1031）十月，「遣郎中金行恭賀即位」[58]。其次，遼朝皇帝上尊號後，高麗須遣使朝賀。如興宗在重熙十一年（1042）十一月「加上尊號曰聰文聖武英略神功睿哲仁孝皇帝」[59]後，次年三月，「高麗國以加上尊號，遣使來賀」[60]。最後，當遼朝平定叛亂或對外戰爭取得勝利時。如統和二十年（1002）二月，「高麗遣使賀伐宋捷」[61]。太平十年（1030）九月，「遣金哿如契丹，賀收復東京」[62]。重熙十九年（1050）六月，「宋遣使來賀伐夏捷，高麗使俱至」[63]。此外，高麗還曾遣使赴遼「賀中京成」[64]、「賀改元」[65]、「賀改國號」[66]等。

（六）謝恩使

高麗一系列回謝遼朝使者的總稱。主要包括謝冊封，如文宗於咸雍元年（1065）八月，「遣尚書右僕射金良贄、殿中少監徐靖如契

57　（元）脫脫等：《遼史》卷13〈聖宗紀四〉，頁162。

58　（朝鮮王朝）鄭麟趾等：《高麗史（第一）》卷5〈德宗世家〉，頁75。

59　（元）脫脫等：《遼史》卷19〈興宗紀二〉，頁260。

60　（元）脫脫等：《遼史》卷19〈興宗紀二〉，頁261。

61　（元）脫脫等：《遼史》卷14〈聖宗紀五〉，頁171。

62　（朝鮮王朝）鄭麟趾等：《高麗史（第一）》卷5〈顯宗世家二〉，頁73。

63　（元）脫脫等：《遼史》卷20〈興宗紀三〉，頁276。

64　（元）脫脫等：《遼史》卷14〈聖宗紀五〉，頁178。

65　（朝鮮王朝）鄭麟趾等：《高麗史（第一）》卷4〈顯宗世家一〉，頁56。

66　（朝鮮王朝）鄭麟趾等：《高麗史（第一）》卷8〈文宗世家二〉，頁122。

丹，謝冊命」。九月，「遣禮部尚書崔尚、將作少監金成漸如契丹，謝太子冊命」[67]。謝橫宣，如肅宗於壽昌三年（1097）十月，「遣柳澤謝橫宣」[68]。謝班師，如顯宗於統和二十九年（1011）四月，「遣工部郎中王瞻如契丹，謝班師」[69]。謝安撫，如靖宗於重熙八年（1039）二月，「遣戶部郎中庾先謝安撫」[70]。謝詔諭，如肅宗於壽昌六年（1100）九月，「遣李載如遼謝詔諭」[71]。謝落起復，如宣宗於大安二年（1086）五月，「遣尚書禮部侍郎崔洪嗣如遼，謝落起復」[72]。謝祭奠弔慰，如睿宗於天慶三年（1113）十月，「遣禮部尚書洪灌、刑部侍郎金義元如遼謝弔祭」[73]。

（七）獻方物使

由《高麗史》可知，高麗派遣出使遼朝的使者中，還有一類不定期出使的使者，他們的使命被記為「獻方物」、「進奉」、「進方物」，可考者共二十六次（詳見表一）。

67　（朝鮮王朝）鄭麟趾等：《高麗史（第一）》卷8〈文宗世家二〉，頁121。
68　（朝鮮王朝）鄭麟趾等：《高麗史（第一）》卷11〈肅宗世家一〉，頁161。
69　（朝鮮王朝）鄭麟趾等：《高麗史（第一）》卷4〈顯宗世家一〉，頁54。
70　（朝鮮王朝）鄭麟趾等：《高麗史（第一）》卷6〈靖宗世家〉，頁86。
71　（朝鮮王朝）鄭麟趾等：《高麗史（第一）》卷11〈肅宗世家一〉，頁165。
72　（朝鮮王朝）鄭麟趾等：《高麗史（第一）》卷10〈宣宗世家〉，頁144。
73　（朝鮮王朝）鄭麟趾等：《高麗史（第一）》卷13〈睿宗世家二〉，頁198。

表一　高麗「獻方物使」簡表[74]

序號	西元紀年	遼朝紀年	使者姓名	序號	西元紀年	遼朝紀年	使者姓名
1	995年	統和十三年	李周禎	14	1098年	壽昌四年	王嘏 尹繼衡
2	995年	統和十三年	李知白	15	1099年	壽昌五年	韓彝
3	1030年	太平十年	李守和	16	1100年	壽昌六年	赫連挺
4	1039年	重熙八年	李成功	17	1102年	乾統二年	郭峻穆
5	1040年	重熙九年	秦玄錫	18	1103年	乾統三年	趙卿
6	1041年	重熙十年	柳參	19	1104年	乾統四年	金漢公
7	1075年	大康元年	許忠	20	1107年	乾統七年	河彥碩
8	1081年	大康七年	河忠濟	21	1108年	乾統八年	徐祐
9	1086年	大安二年	郭尚	22	1111年	天慶元年	金縝
10	1087年	大安三年	金德均	23	1112年	天慶二年	崔卹
11	1095年	壽昌元年	崔惟舉	24	1113年	天慶三年	崔弘宰
12	1096年	壽昌二年	蘇忠	25	1113年	天慶三年	金（林）景清
13	1097年	壽昌三年	畢公贊	26	1115年	天慶五年	徐昉

　　限於史料記載殘缺，我們無法得知高麗派遣「獻方物使」的具體情況，但參考《契丹國志》記載，高麗除歲貢物品外，還有「橫進物件」，包括「粳米五百石，糯米五百石，織成五彩御衣金不定數」[75]。知高麗派遣出使遼朝的使者中，存在與歲貢使相對，即不定期赴遼進

74　據《高麗史》、《高麗史節要》、《東國通鑑》、《東史綱目》、《增補文獻備考》等史料輯錄而成。

75　（宋）葉隆禮撰，賈敬顏、林榮貴點校：《契丹國志》卷21〈外國貢進禮物〉，頁229。

貢的「橫進使」。故《高麗史》記載的「獻方物使」，可能即為《契丹
國志》記載的「橫進使」。如果此假設成立，由上文可知，高麗貢使
於重熙七年（1038）以後發展為歲貢使，故在此之前《高麗史》中記
載的三次「獻方物使」應為尚未制度化的貢使；而在此之後出現的即
應為《契丹國志》中記載的高麗「橫進使」。

（八）赴東京使

　　遼麗關係緊張時，高麗遣使遼東京，多出於修好以及希望遼東京
在迴避戰爭的發生而進行的外交交涉中發揮一定的作用[76]。如統和二十
八年（1010）九月，遼聖宗親征高麗前，顯宗遣「左司郎中王佐暹、
將作丞白日升如契丹東京修好」[77]。和平時期，高麗多遣使持禮至東
京問候。如肅宗分別於壽昌二年（1096）三月與壽昌五年（1099）九
月，派遣持禮使前往遼東京。限於史料記載，我們無法證明是否如河
上洋所說「恐怕每年定期地由高麗方面向東京派遣使者」[78]，但高麗
與遼東京之間有著頻繁的使者往來，應該是無可置疑的。而有些學者
認為，遼東京派遣出使高麗的「東京持禮使」是遼朝在回賜高麗的朝
貢時，由於東京地理位置便利，為了節省人力物力而由東京直接派遣
的「回賜使」[79]，這種觀點顯然是不正確的。《高麗史》中明確記載，
壽昌元年（1095）五月，「遼東京回禮使高遂來，遂私獻綾羅彩段甚

---

76 （日）河上洋：〈遼五京的外交機能〉，姜維公、高福順譯著：《中朝關係史譯文
　　集》，頁323。

77 （朝鮮王朝）鄭麟趾等：《高麗史（第一）》卷4〈顯宗世家一〉，頁52。

78 （日）河上洋：〈遼五京的外交機能〉，姜維公、高福順譯著：《中朝關係史譯文
　　集》，頁326。

79 劉一：〈遼麗封貢制度研究〉，《滿族研究》2012年第2期，頁62-63；張國慶：〈遼與
　　高麗關係演變中的使職差遣〉，遼寧省遼金契丹女真史研究會編：《遼金歷史與考
　　古》第四輯（瀋陽市：遼寧教育出版社，2013年），頁155-157。

多。王御乾德殿引見，命近臣問留守安否。賜酒食、衣對」[80]。高麗
國王命人詢問東京留守的情況，而不是遼道宗的情況，可見東京回禮
使是溝通遼東京與高麗之間的紐帶。次年三月，高麗派遣「持禮使高
民翼如遼東京」[81]。這樣的使者往來還有很多，如重熙七年（1038）
八月，高麗在「始行契丹重熙年號」後，立即派遣「持禮使閤門祇候
金華彥如契丹東京」，同年十一月，遼東京便派遣「東京回禮使義勇
軍都指揮康德寧」赴高麗[82]。壽昌五年（1099）九月，高麗派遣「持
禮使邵師奭如遼東京」後，十二月，遼東京便遣「東京持禮回謝使大
義」赴高麗[83]。皆表明高麗定期遣持禮使赴遼東京問候東京留守，作
為禮尚往來，東京留守派遣持禮使或回謝使感謝高麗國王。

（九）赴來遠城使

高麗還曾於開泰元年（1012）九月，「遣西頭供奉官文儒領如契
丹來遠城」[84]。關於此次遣使的目的，史籍闕載，但結合統和二十八
年（1010）聖宗親征高麗期間，高麗顯宗以親朝換得聖宗撤軍，而是
年四月當「契丹詔王（指顯宗）親朝」時，顯宗於同年六月遣「刑部
侍郎田拱之如契丹夏季問候，且告王病不能親朝，丹主怒，詔取興
化、通州、龍州、鐵州、郭州、龜州等六城」[85]，使得遼麗關係再度
緊張的情況來看，高麗此次遣使當為探知遼朝下一步的軍事動向。

---

80 （朝鮮王朝）鄭麟趾等：《高麗史（第一）》卷10〈獻宗世家〉，頁155。

81 （朝鮮王朝）鄭麟趾等：《高麗史（第一）》卷11〈肅宗世家一〉，頁159。

82 （朝鮮王朝）鄭麟趾等：《高麗史（第一）》卷6〈靖宗世家〉，頁85-86。

83 （朝鮮王朝）鄭麟趾等：《高麗史（第一）》卷11〈肅宗世家一〉，頁164。

84 （朝鮮王朝）鄭麟趾等：《高麗史（第一）》卷4〈顯宗世家一〉，頁55。

85 （朝鮮王朝）鄭麟趾等：《高麗史（第一）》卷4〈顯宗世家一〉，頁55。

小結

綜上所述，高麗使遼使者雖然名目繁多，但是按照出使目的和頻率，可以分為常使和泛使兩類。常使包括賀生辰使、賀正旦使、謝賀生辰使與歲貢使四類，泛使包括問候使、告奏使、乞請使、祭奠弔慰使、朝賀使、謝恩使、獻方物使、赴東京使、赴來遠城使九類。除此之外，史書中還有關於高麗「密進使」的記載，壽昌五年（1099）十月，「告奏兼密進使文翼如遼，請賜元子冊命」[86]。由於密進使的使命多與告奏使、乞請使相近，故不將密進使單獨作為一類使者討論。

同時我們可以將高麗常使制度的發展劃分為四個階段：重熙七年（1038）以前為第一階段，此階段為制度的草創階段，尚未制度化，然而之後的常使名目在該階段都可以找到源頭。重熙七年（1038）至大康元年（1075）為第二階段，此階段常使制度中的賀遼皇帝生辰使、賀遼太后生辰使、賀正旦使、謝賀生辰使、歲貢使制度陸續實現制度化。大康二年（1076）至大安四年（1088）為第三階段，此階段高麗賀遼太后生辰使制度終結，常使名目改為賀遼皇帝生辰使、賀正旦使、謝賀生辰使、歲貢使。大安五年（1089）至天慶五年（1115）為第四階段，此階段高麗歲貢使制度終結，常使名目減少為賀遼皇帝生辰使、賀正旦使、謝賀生辰使。由此我們可以理解《宋史》〈高麗傳〉中的相關記載：「自王徽以降，雖通使不絕，然受契丹封冊，奉其正朔，上朝廷及他文書，蓋有稱甲子者。歲貢契丹至於六，而誅求不已。常云：『高麗乃我奴耳，南朝何以厚待之？』……嘗詰其西向修貢事，高麗表謝，其略曰：『中國，三甲子方得一朝；大邦，一周

天每修六貢。』契丹悟，乃得免」[87]。王徽即高麗文宗，重熙十五年（1046）至大康九年（1083）在位。由上文分析可知，即使是限於史料殘缺，高麗於大康元年（1075）一年之內向遼朝遣使達到了七次，分別為賀遼皇帝生辰使、賀遼太后生辰使、賀正旦使、謝賀生辰使、歲貢使、獻方物使與告奏使（請罷鴨綠江船橋）[88]。遣使時間符合《宋史》記載高麗文宗即位以後，「歲貢契丹至於六」。

　　此外，我們還可以看出，在朝鮮半島對外遣使的制度層面上，高麗一朝做出了許多開創性的舉措。此前出使唐朝的新羅使者，僅有朝貢、朝見、賀正、告哀、請求、謝恩、告捷，以及參加唐王朝慶典、謝罪、祝賀唐王朝平定叛亂等名目[89]。然而「新羅在唐王朝存在的二九〇年中，對唐朝貢總計一五五次，平均每年〇點五三次，其朝貢不僅不存在規律性，而且頻率也不高」[90]，新羅赴唐朝貢的使者尚未發展為歲貢使。同時「《三國史記》中所載『賀正』只是對新羅朝貢使的另一種稱呼，並不存在特殊的意義，不能依此證明新羅已開始定期參與春節的朝賀……金富軾可能是受了某一種記載開元間歷史的中國史書的誤導」[91]。故新羅赴唐使者並沒有常使與泛使之分，高麗赴遼使者中的賀生辰使、賀正旦使、謝賀生辰使、祭奠弔慰使、赴東京使，以及制度化的歲貢使，皆是先前朝鮮半島所未曾有過的。

　　最後，我們還可以從高麗遣使遼朝的名目中窺知遼麗兩國的關係

87　（元）脫脫等：《宋史》卷487〈高麗傳〉（北京市：中華書局，1977年），頁14049-14050。

88　（朝鮮王朝）鄭麟趾等：《高麗史（第一）》卷9〈文宗世家三〉，頁130；（朝鮮王朝）鄭麟趾等：《高麗史（第三）》卷95〈朴寅亮傳〉，頁99。

89　李大龍：〈唐王朝與新羅互使述論〉，《黑龍江民族叢刊》1996年第2期，頁57-59。

90　楊軍：〈東亞封貢體系確立的時間——以遼金與高麗的關係為中心〉，《貴州社會科學》2008年第5期，頁118。

91　楊軍：〈東亞封貢體系確立的時間——以遼金與高麗的關係為中心〉，《貴州社會科學》2008年第5期，頁118-119。

與地位。如重熙七年（1038）以前，與問候使同時期派遣的其他高麗使者，皆有其具體的任務，因而重熙七年（1038）以前應是問候使體現遼麗兩國關係的性質，而高麗不定期遣使赴遼「問候」，又能反映出重熙七年以前，高麗雖然奉遼正朔，但遼麗宗藩關係尚不穩定的特點。重熙七年（1038）以後，制度化的歲貢使顯然是高麗納入以遼朝為中心的封貢體系的最好體現。再如遼與北宋之間雖然也存在著賀生辰使與賀正旦使的往來，但北宋在遣使賀遼國主生辰（正旦）、賀遼國母生辰（正旦）後，作為回應，遼朝皇帝及太后皆須分別遣使賀北宋皇帝生辰（正旦）[92]。而高麗在遼朝遣使賀高麗國王生辰後，以及遼朝遣使冊封高麗國王、王子、落起復、橫宣等，須遣使謝恩；遼朝國內舉行重大慶典，如新皇帝登極、上尊號、改年號等，須遣使朝賀。遼朝對於高麗遣使賀正旦、獻方物等，皆沒有回應之使。由此可知，高麗使者名目體現的是在封貢體系下遼麗兩國地位的不對等，而有些學者認為的遼麗在使者往來中「除了維持宗主國的名義關係外，另發展出一種平行對等的關係，這種平行對等的相互關係，已經極為接近近代國際社會中，各主權國家之間的關係了」[93]，以及「在不平等朝貢體制的規範下，仍存在一些國際交往中的平等因素」[94]，顯然都是不正確的。

92　吳曉萍：《宋代外交制度研究》，頁288-313；蘇丹：《遼朝使宋國信使研究》（長春市：吉林大學碩士學位論文，2014年），頁31-58。

93　（韓）金渭顯：《契丹的東北政策──契丹與高麗女真關係之研究》，頁173。

94　魏志江：〈遼宋麗三角關係與東亞地區秩序〉，復旦大學韓國研究中心編：《韓國研究論叢》第四輯，頁321。

第三章
高麗遣使遼朝使者群體研究

　　使者是遼麗交往的紐帶，肩負各種使命，代表國家的利益與尊嚴。高麗對使遼使者的選派及其在出使過程中的表現十分重視，形成了一些不成文的慣例和標準，有效促進了遼麗關係的健康發展。就筆者目前掌握情況來看，學界尚未有專文對高麗赴遼使者群體進行深入系統的研究。本章擬對高麗赴遼使者的個人素質、使者的家世背景、使者的「借銜出使」現象，以及高麗朝廷對赴遼使者的獎懲措施等四個方面進行研究，並在此基礎上討論高麗遣使遼朝的意義及影響。

一　使者的個人素質

　　有遼一代，高麗遣使遼朝使者職官可考者一五五人，其中文官一五四人，品級依次為：從一品（2人）、正二品（5人）、從二品（9人）、正三品（11人）、從三品（22人）、正四品（34人）、從四品（23人）、正五品（19人）、從五品（6人）、正六品（13人）、從六品（4人）、正七品（4人）、從七品（1人）、正九品（1人）；武官一人，為乾統六年（1106）十月赴遼謝賜祭使團中的副使「郎將李璹」[1]，為正六品。[2]可見高麗遣往遼朝的使者一般是以中等偏上級別的文官為主，文官飽讀詩書，長於應對，可以達到更好與遼朝進行溝通的目的。

1　（朝鮮王朝）鄭麟趾等：《高麗史（第一）》卷12〈睿宗世家一〉，頁181。
2　依據《遼史》、《高麗史》、《高麗史節要》、《東國通鑑》、《東史綱目》、《增補文獻備考》、《高麗墓誌銘集成》等史料統計，下同。

　　同時由於高麗素以「君子之國」、「小中華」[3]自居，因此在選派
使者赴遼時，首先挑選文官中博學多才、精通詩書之人充任。查閱史
料，高麗使者入仕途徑可考者三十三人，其中蔭補僅三人，為李資德
[4]、崔弘宰[5]和金義元[6]，其餘三十人，包括郎將李璹在內，皆為進士出
身（詳見表一）。經過激烈的科舉考試並最終進士及第，無疑是一個
人綜合素質的最好證明。同時三十位進士出身的高麗使者中，有「繼
世儒宗」的崔惟善[7]、「以文學顯」的許慶[8]、「善屬文」的朴升中[9]、
「為古文號海東第一」的金黃元[10]等，足見出使遼朝的使者多是從進
士群體中擇優選取的，他們在文學修養、儒學造詣上代表著高麗的最
高水準，有利於維護高麗「文物禮樂之邦」[11]的形象。其餘限於史料
殘缺，入仕途徑不可考的高麗使者中，亦有多人堪稱當時的「名
士」。如李軌（初名載[12]）雖無關於其進士及第的記載，但與金黃元交
好，「同在翰林，以文章著名，時稱『金李』」[13]。同時李軌、崔璿、
李德羽曾與朴升中等一道「刪定陰陽地理諸書以進，賜名《海東秘
錄》」[14]；曾與朴升中、朴景綽、金黃元等一同「定禮儀」[15]。李軌、

3　（朝鮮王朝）鄭麟趾等：《高麗史（第三）》卷120〈金子粹傳〉，頁502。

4　（朝鮮王朝）鄭麟趾等：《高麗史（第三）》卷95〈李資德傳〉，頁98。

5　（朝鮮王朝）鄭麟趾等：《高麗史（第三）》卷125〈崔弘宰傳〉，頁559。

6　（韓）金龍善：《高麗墓誌銘集成》（春川：翰林大學校，1993年），頁133。

7　（朝鮮王朝）鄭麟趾等：《高麗史（第三）》卷95〈崔惟善傳〉，頁95。

8　（朝鮮王朝）鄭麟趾等：《高麗史（第三）》卷97〈許慶傳〉，頁133。

9　（朝鮮王朝）鄭麟趾等：《高麗史（第三）》卷125〈朴升中傳〉，頁558。

10　（朝鮮王朝）鄭麟趾等：《高麗史（第三）》卷97〈金黃元傳〉，頁127。

11　（朝鮮王朝）鄭麟趾等：《高麗史（第三）》卷120〈金子粹傳〉，頁502。

12　（朝鮮王朝）鄭麟趾等：《高麗史（第三）》卷97〈李軌傳〉，頁127。

13　（朝鮮王朝）鄭麟趾等：《高麗史（第三）》卷97〈金黃元傳〉，頁127。

14　（朝鮮王朝）鄭麟趾等：《高麗史（第三）》卷96〈金仁存傳〉，頁112。

15　（朝鮮王朝）鄭麟趾等：《高麗史（第三）》卷125〈朴升中傳〉，頁558。

許之奇曾與洪灌、朴升中等論辨陰陽書[16]等。足見高麗多以具有較高才學的文官充任赴遼使者。

表一　高麗進士出身使者簡表[17]

使者姓名	登第時間	使者姓名	登第時間	使者姓名	登第時間
徐熙	光宗十一年（西元960年）	姜周載	穆宗元年（西元998年）	崔元信	成宗十三年（西元994年）
田拱之	成宗朝（西元981-997年）	郭元	成宗十五年（西元996年）	林維幹	顯宗四年（1013）
崔惟善	顯宗二十一年（1030）	李資仁	文宗朝（1046-1083）	金漢忠	不詳
柳伸	不詳	尹瓘	文宗朝（1046-1083）	任懿	文宗二十四年（1070）
吳延寵	不詳	禹元齡	文宗三十二年（1078）	林有文	不詳
文冠	文宗朝（1046-1083）	許慶	不詳	朴景綽	不詳
金緣	不詳	李璹	不詳	朴景伯	宣宗三年（1086）
朴升中	不詳	金縝	不詳	洪灌	不詳
李永	肅宗朝（1095-1105）	韓沖	不詳	文公仁	不詳
李德允	肅宗三年（1098）	金黃元	不詳	李公壽	宣宗三年（1086）

16 （朝鮮王朝）鄭麟趾等：《高麗史（第三）》卷121〈洪灌傳〉，頁508。
17 本表據《遼史》、《高麗史》、《高麗史節要》、《增補文獻備考》、《高麗墓誌銘集成》等史料輯錄而成，按照出使時間先後排序，登第時間用高麗紀年。

其次，言辭能切中要害、具有專對之才的文官更容易被選任為赴遼使者。由於使者在出使過程中會面臨許多無法預料的情況和困難，因此隨機應變和具有專對之才就顯得尤為重要。遼麗戰爭期間，專對之才體現在「以口舌卻兵，立萬世之功」[18]上。如徐熙面對蕭恆德指責高麗侵蝕高句麗故地、越海事宋時，通過將高麗塑造為高句麗的繼承者，提出「若論地界，上國之東京皆在我境，何得謂之侵蝕乎？」強調高麗北擴行為的無罪。而將朝聘不通的原因，歸咎為「女真之故」，提出「若令逐女真，還我舊地，築城堡，通道路，則敢不修聘？」[19]最後不僅成功使得遼朝撤軍，還使得高麗侵蝕女真人土地的行為具有了合法性。同樣河拱辰在面對遼軍先鋒詢問高麗國王的去向時，抓住遼軍對地理的不熟悉，回答說顯宗在距離「不知幾萬里」的江南地區，亦成功使得追兵撤退。和平時代，高麗使者的專對之才同樣對遼麗關係的健康發展有著重要意義。如高麗文宗、順宗相繼去世後，即位的宣宗於大康九年（1083）十一月派遣李資仁出使遼朝告哀。李資仁抵達遼朝後，道宗以「二君連逝，必有其故」為由，不允許李資仁入京。面對遼朝質疑宣宗即位的合法性，李資仁先是強調「國公夙有疾恙，加以哀毀，遂至大漸，實無他故」，然後提出「願留臣等，遣使本國究問，臣若誣罔，當服重罪」。終於打動道宗，道宗「出城外氈殿，引見慰諭」[20]。並於次年四月遣敕祭使益州管內觀察使耶律信、慰問使廣州管內觀察使耶律彥等赴高麗祭奠文宗、順宗，於大安元年（1085）十一月遣使冊封高麗宣宗，最終承認宣宗的高麗國王身分。同樣金義元在出使遼朝時，「有虜使之能對訝者，以厚禮凡百資具，無不充足」。天祚帝在得知後，「以為外國貴人，適館

18　（朝鮮王朝）鄭麟趾等：《高麗史（第三）》卷94〈徐熙傳〉，頁77。

19　（朝鮮王朝）鄭麟趾等：《高麗史（第三）》卷94〈徐熙傳〉，頁77-78。

20　（朝鮮王朝）鄭麟趾等：《高麗史（第三）》卷95〈李資仁傳〉，頁97。

密視」。回國時，「一行送伴□從感德泣別」。金義元此次出使，達到了高麗「近古已來，未之有也」的盛況[21]。雖然這其中存在高麗人的誇張成分，但不可否認的是，無論是李資仁還是金義元，都是憑藉其「專對之才」，從而出色的完成出使任務。

再次，使遼使者除具備較高的文化水準、專對之才外，有外交經驗同樣十分重要。使者代表國家出使，任務艱鉅，一旦遇到突發事件，需要獨立應對，因此有出使宋朝的經驗或充任遼使的接伴使、館伴使的經驗者更容易被選任為赴遼使者。如徐熙在統和十一年（西元993年）赴遼軍軍營請和前，曾於保寧四年（西元972年）「奉使如宋」[22]。郭元於太平二年（1022）出使遼朝前，曾於開泰四年（1015）「如宋獻方物」[23]。李軌亦曾於高麗宣宗朝「承敕校入宋」，後於高麗肅宗六年（1101），「以禮部郎中奉使如遼」[24]。同時金黃元在出使遼朝前，曾為到來的遼朝使者「作內宴口號」，其中「鳳銜綸綍從天降，鼇駕蓬萊渡海來」之句，博得遼使讚歎，「求寫全篇而去」[25]。金仁存曾擔任乾統二年（1102）遼賀高麗國王生辰使孟初的接伴使，因相互唱和而「情好日篤」。當金仁存於乾統五年（1105）以肅宗告哀使的身分出使遼朝，朝見天祚帝「乞除吉服、舞蹈」時，孟初出面使得「殿庭服色宜從吉，但除舞蹈可矣」[26]，最終完成了使命。由此可見，有出使北宋或接伴、館伴經驗的使者，熟悉禮儀事務，可以避免發生不必要的失誤，從而能夠更好的完成出使任務，達到出使目的。

最後，使者不僅要有才學，還要具有良好的品行，需要德才兼

21　（韓）金龍善：《高麗墓誌銘集成》，頁134。

22　（朝鮮王朝）鄭麟趾等：《高麗史（第三）》卷94〈徐熙傳〉，頁76。

23　（朝鮮王朝）鄭麟趾等：《高麗史（第三）》卷94〈郭元傳〉，頁89。

24　（朝鮮王朝）鄭麟趾等：《高麗史（第三）》卷97〈李軌傳〉，頁127。

25　（朝鮮王朝）鄭麟趾等：《高麗史（第三）》卷97〈金黃元傳〉，頁127。

26　（朝鮮王朝）鄭麟趾等：《高麗史（第三）》卷96〈金仁存傳〉，頁109。

備。使者代表國家的利益與尊嚴出使，需要具備忠義、清廉、正直等
優良品質。如高麗肅宗選派任懿出使遼朝的原因之一就是因為「肅宗
雅知公（指任懿）醇正無它」[27]，同時據任懿出使北宋時，「一行人皆
鬻貨利，懿獨廉謹，宋人稱之」[28]，知任懿不僅為人正直、忠於國
家，而且清廉勤儉、才華橫溢，因而受到高麗肅宗的賞識。此類例子
不勝枚舉，如柳伸「以清謹名，凡論國事，悉主忠義」[29]；文冠「性
清直寬厚，當官執節不撓」[30]；許慶「清廉忠儉，雖無赫赫之稱，終
始一節，為朝廷所重」[31]等。

　　此外，選派赴遼使者時，對使者的長相亦有一定的要求。如徐熙
「容儀中度」[32]、文公仁「雅麗柔曼」[33]、金義元「容貌魁偉」[34]等。

二　使者的家世背景

　　由史籍記載可知，高麗使遼使者中家世背景可考者共二十四人，
其中先賢和功臣後裔十九人。如徐熙為內議令徐弼之子，徐弼「累贈
三重大匡、太師、內史令，後配享光宗廟庭」[35]。崔元信之父崔亮
「配享成宗廟庭，累贈太尉、太保、太師、內史令、三重大匡」[36]。
崔惟善為「海東孔子」崔沖之子，崔沖於「宣宗三年，配享靖宗廟

27　（韓）金龍善：《高麗墓誌銘集成》，頁44。

28　（朝鮮王朝）鄭麟趾等：《高麗史（第三）》卷95〈任懿傳〉，頁105。

29　（朝鮮王朝）鄭麟趾等：《高麗史（第三）》卷95〈柳伸傳〉，頁100。

30　（朝鮮王朝）鄭麟趾等：《高麗史（第三）》卷97〈文冠傳〉，頁133。

31　（朝鮮王朝）鄭麟趾等：《高麗史（第三）》卷97〈許慶傳〉，頁133。

32　（朝鮮王朝）鄭麟趾等：《高麗史（第三）》卷94〈徐熙傳〉，頁76。

33　（朝鮮王朝）鄭麟趾等：《高麗史（第三）》卷125〈文公仁傳〉，頁557。

34　（韓）金龍善：《高麗墓誌銘集成》，頁133。

35　（朝鮮王朝）鄭麟趾等：《高麗史（第三）》卷93〈徐弼傳〉，頁63。

36　（朝鮮王朝）鄭麟趾等：《高麗史（第三）》卷93〈崔亮傳〉，頁71。

庭」[37]。李子淵，「三女皆配文宗」，生前「賜推誠佐世保社功臣號，加開府儀同三司、守太師兼中書令、監修國史、上柱國、慶源郡開國公，食邑三千戶」，卒後「配享文宗廟庭」[38]。孫李資仁、李資德，曾孫李公壽曾先後出使遼朝。尹莘達，「佐太祖，為三韓功臣」[39]，玄孫尹瓘，尹瓘之子尹彥純曾先後出使遼朝。林有文之父林槩「歷事順、宣、獻、肅、睿五朝，累官至門下侍郎平章事致仕」[40]。朴升中的曾祖朴暹，「事顯宗，為南幸扈從功臣」[41]。李璹之父李靖恭，「官至門下侍中，諡文忠，配享順宗廟庭」[42]。金仁存之父金上琦，「官至侍郎平章事，諡文貞，配享宣宗廟庭」[43]。崔繼芳為「三重大匡、推忠同德盡節衛主匡國功臣、開府儀同三司、守太師、內史令、漢南郡開國侯，食邑一千五百戶」崔士威的曾孫等。

同時先賢和功臣後裔中又有六人同為新羅遺族。如李資仁、李資德、李公壽的祖先為「新羅大官」，因奉使入唐，天子嘉之，故賜姓李。金漢忠為「新羅大輔閼智之後，高祖庾廉從敬順王，歸太祖為功臣」[44]。金仁存為「新羅宗室角干周元之後」[45]。金義元「其先本出新羅季，世避亂因家焉」[46]。

餘下五人中，李軌為禮部侍郎（正四品）李攸績之子，文公仁為散騎常侍（正三品）文翼之子，崔弘宰「本將家子，蔭補閤門祗

37　（朝鮮王朝）鄭麟趾等：《高麗史（第三）》卷95〈崔沖傳〉，頁95。

38　（朝鮮王朝）鄭麟趾等：《高麗史（第三）》卷95〈李子淵傳〉，頁97。

39　（朝鮮王朝）鄭麟趾等：《高麗史（第三）》卷96〈尹瓘傳〉，頁112。

40　（朝鮮王朝）鄭麟趾等：《高麗史（第三）》卷97〈林槩傳〉，頁132。

41　（朝鮮王朝）鄭麟趾等：《高麗史（第三）》卷125〈朴升中傳〉，頁558。

42　（朝鮮王朝）鄭麟趾等：《高麗史（第三）》卷98〈李璹傳〉，頁150。

43　（朝鮮王朝）鄭麟趾等：《高麗史（第三）》卷96〈金仁存傳〉，頁109。

44　（朝鮮王朝）鄭麟趾等：《高麗史（第三）》卷95〈金漢忠傳〉，頁107。

45　（朝鮮王朝）鄭麟趾等：《高麗史（第三）》卷96〈金仁存傳〉，頁109。

46　（韓）金龍善：《高麗墓誌銘集成》，頁133。

候」[47]，亦為官宦之後，只不過家世背景不如上文列舉的先賢、功臣之後顯赫。而李永之父李仲宣，「以本郡戶長選為京軍」。李永「幼從師學」，父親去世後，「欲繼永業田」。因「以狀付政曹主事」時，「揖不拜」，遭到主事辱罵。李永「裂其狀」，說道：「吾可取第仕朝，何禮汝輩為？」並於「肅宗朝，擢乙科，直史館」[48]。而吳延寵「家世寒素」，也是靠著「少貧賤力學」，才走上仕途的[49]。由此可見，雖然出使遼朝的高麗使者多有著顯赫的家世背景，但通過後天的努力，亦能夠得到高麗朝廷的重視。

其餘限於史料殘缺，使者家世背景不可考的高麗使者中，有一人以外戚的身分出使遼朝，即統和二十九年（1011）赴遼賀聖宗生辰的金殷傅。高麗顯宗於是年二月「納金殷傅長女為妃」[50]，於同年十一月派遣金殷傅赴遼。考慮到這是高麗首次遣使賀遼皇帝生辰，故派遣外戚出使以示重視。同時也正是因為金殷傅的外戚身分，在完成出使任務後，「還至來遠城，契丹暴女真，執之以歸，數月乃得還」[51]。另有三人以潛邸親隨的身分出使遼朝，即大安二年（1086）閏月赴遼獻方物與乾統元年（1101）九月赴遼賀天祚帝即位的郭尚、壽昌元年（1095）十月赴遼告奏肅宗即位的任懿、乾統元年（1101）九月赴遼賀即位的許慶。郭尚「事宣宗於國原邸」[52]、任懿為宣宗在藩邸時的典籤[53]、許慶為肅宗在潛邸時的府寮[54]，他們在宣宗、肅宗即位後都

---

47 （朝鮮王朝）鄭麟趾等：《高麗史（第三）》卷125〈崔弘宰傳〉，頁559。
48 （朝鮮王朝）鄭麟趾等：《高麗史（第三）》卷97〈李永傳〉，頁131。
49 （朝鮮王朝）鄭麟趾等：《高麗史（第三）》卷96〈吳延寵傳〉，頁122。
50 （朝鮮王朝）鄭麟趾等：《高麗史（第一）》卷4〈顯宗世家一〉，頁53。
51 （朝鮮王朝）鄭麟趾等：《高麗史（第三）》卷94〈金殷傅傳〉，頁88。
52 （朝鮮王朝）鄭麟趾等：《高麗史（第三）》卷97〈郭尚傳〉，頁127。
53 （朝鮮王朝）鄭麟趾等：《高麗史（第三）》卷95〈任懿傳〉，頁105。
54 （朝鮮王朝）鄭麟趾等：《高麗史（第三）》卷97〈許慶傳〉，頁133。

得到了重用。作為從即位前就一直追隨在身邊的親信和隨從，宣宗、
肅宗以其充任赴遼使者主要是看重他們對自己的忠心，同時在完成出
使任務後可以對其進一步加封。如郭尚作為宣宗的潛邸親隨，在宣宗
去世後，即位的肅宗「以尚事先君無貳心，欲大用，拜戶部尚書，出
知西京留守，政未滿，召為刑部尚書」[55]，並再度派遣郭尚出使遼
朝。任懿以刑部侍郎的身分出使遼朝，完成使命後，加朝散大夫，並
充史館修撰[56]。

　　由此可見，無論是看重使者的個人素質還是家世背景，赴遼使者
都是從高麗官員中擇優選取的。高麗不斷派遣這些或具有過人才華，
或具備良好出身的使者出使，一方面體現出高麗對赴遼使者選拔的重
視，一方面體現出高麗的重文風尚，同時還體現出在遼麗宗藩關係
下，高麗極為重視與宗主國遼朝的關係等。

三　使者的「借銜出使」現象

　　據《契丹國志》記載：「本國不論年歲，惟以八節貢獻，人使各
帶正官，惟稱陪臣」[57]，說明遼朝對高麗使者的品級存在一定要求。
因此高麗在選派使者時，除了上述兩條標準外，還需要選擇職官品級
與出使使命相符合的官員。當二者不相符時，或另派他人，或借銜出
使，即出使時假以高品級的職官，待使命結束後官復原職。同時高麗
使者「借銜出使」還有提高使者身分，引起遼朝重視，從而更好地發
揮其作用之意。

55　（朝鮮王朝）鄭麟趾等：《高麗史（第三）》卷97〈郭尚傳〉，頁128。

56　（韓）金龍善：《高麗墓誌銘集成》，頁44。

57　（宋）葉隆禮撰，賈敬顏、林榮貴點校：《契丹國志》卷21〈外國貢進禮物〉，頁
　　229。

　　目前見於史書記載的高麗使者「借銜出使」現象共有四次：統和十一年（西元993年）閏月成宗遣「監察司憲、借禮賓少卿（從四品）李蒙戩如契丹營請和」[58]，統和二十七年（1009）四月穆宗遣「借工部侍郎（正四品）李有恆如契丹賀太后生辰」[59]，開泰二年（1013）六月顯宗遣「借尚書右丞（從三品）金作賓如契丹賀改元」[60]，開泰九年（1020）六月顯宗遣「持書使借司宰少卿（從四品）盧執中如契丹東京」[61]，全部集中於遼麗大規模戰爭階段（西元993-1021）。早在統和十一年（西元993年）遼朝第一次征伐高麗時[62]，高麗成宗派遣和通使、閣門舍人（正七品）張瑩赴遼軍軍營請和，遼軍主將蕭恆德不滿張瑩品級過低，令「宜更以大臣送軍前面對」。成宗遂遣中軍使、內史侍郎（正二品）徐熙出使遼軍軍營。是年至太平元年（1021），高麗赴遼使者職官品級可考者三十七人，其中從一品二人、正二品三人、從二品四人，而有遼一代，高麗使者職官可考者一五五人中，從一品二人、正二品五人、從二品九人，三品以上官員充任赴遼使者，此時期占百分之五十六點二五。產生此現象的原因在於，此時期遼朝發動多次對高麗的征伐，面對遼朝強大的軍事實力，高麗頻繁遣使請和，為引起遼朝方面重視，高麗多派遣高官出使。如統和十一年（西元993年）遼軍停戰後，成宗遣禮幣使、侍中（從一品）朴良柔奉表赴遼請罪；統和二十八年（1010）十月，高麗顯宗遣參知政事（從二品）李禮均、右僕射（正二品）王同穎赴遼請和等。由此可知，目前見於史書記載的高麗「借銜出使」現象全部集中於統

58　（朝鮮王朝）鄭麟趾等：《高麗史（第三）》卷94〈徐熙傳〉，頁77。

59　（朝鮮王朝）鄭麟趾等：《高麗史（第一）》卷4〈顯宗世家一〉，頁51。

60　（朝鮮王朝）鄭麟趾等：《高麗史（第一）》卷4〈顯宗世家一〉，頁56。

61　（朝鮮王朝）鄭麟趾等：《高麗史（第一）》卷4〈顯宗世家一〉，頁64。

62　陳俊達：〈遼對高麗的第一次征伐新探〉，《邢臺學院學報》2014年第3期，頁105。

和十一年（西元993年）至太平元年（1021）間，是由於此時期遼麗關係緊張，戰爭頻繁，高麗對那些在出使時品級不夠的官員或出於某種特殊原因需要表示對本次出使的重視時採取假借官階的方法，提高其出使時的身分，從而引起遼朝重視，後一點在高麗派遣赴東京使上體現的最為明顯。由上文可知，盧執中在開泰九年（1020）赴遼東京時的官職為借司宰少卿，從四品，而其餘見於史書記載的高麗赴東京使，品級沒有超過正五品的（詳見表二）。

表二　高麗赴遼東京使簡表

出使時間	姓名	職官	品級	使命
統和二十八年（1010）	王佐暹	左司郎中	正五品	赴東京修好
	白日升	將作丞	從六品	
開泰八年（1019）	李仁澤	考功員外郎	正六品	赴東京
開泰九年（1020）	盧執中	借司宰少卿	從四品	持書使、赴東京
太平八年（1028）	金哿	禮部員外郎	正六品	赴東京
重熙七年（1038）	金華彥	閣門祗候	正七品	持禮使、赴東京
壽昌二年（1096）	高民翼			持禮使、赴東京
壽昌五年（1099）	邵師奭			持禮使、赴東京
天慶六年（1116）	鄭良稷	秘書校書郎，稱為安北都護府衙前	正九品	持牒赴東京，詗知節日使尹彥純、進奉使徐昉、賀正使李德允等稽留事

由上表可知，高麗首次遣使赴遼東京的時間為統和二十八年（1010），而直到開泰八年（1019）五月，以「東京文籍院少監烏長公來見」[63]為標誌，遼東京首次遣使赴高麗。此後遼東京成為遼麗交涉的窗口，同年八月，遼「東京使工部少卿高應壽來」，隨後高麗「遣考功員外郎李仁澤如契丹東京」[64]，關於戰後相關問題處理的交涉在高麗與遼東京之間展開[65]。因此當開泰九年（1020），遼麗大規模戰爭階段即將徹底結束的前夕，是年五月遼聖宗遣使釋王詢罪，並允其稱藩納貢之請，次月高麗顯宗就派遣盧執中出使遼東京。顯宗此舉為表達高麗歸順遼朝的誠意，故借其從四品司宰少卿一職出使，以與此前出使遼東京的使者相區分。而此後見於記載的高麗赴東京使同樣不見正六品以上官員，同樣印證了此次遣使的特殊性。

太平元年（1021）之後，遼麗之間未再發生大規模衝突，同時隨著遼麗使者派遣制度的不斷完善，使者出使的職官品級逐漸固定，故相關史籍中不見高麗使者「借銜出使」的現象。

四　高麗朝廷對赴遼使者的獎懲措施

如前所述，高麗使者的一言一行代表著高麗的國家利益與尊嚴並影響遼麗之間的關係，因此高麗在慎重選任官員出使遼朝的同時，根據使者在出使遼朝過程中的表現，對其進行嘉獎或懲罰。對使者的獎勵主要體現在對其官職的升遷與對其家屬的優待和安置上，而懲罰主要體現在對其官職的罷黜方面。

63　（朝鮮王朝）鄭麟趾等：《高麗史（第一）》卷4〈顯宗世家一〉，頁62。

64　（朝鮮王朝）鄭麟趾等：《高麗史（第一）》卷4〈顯宗世家一〉，頁62。

65　（日）河上洋：〈遼五京的外交機能〉，姜維公、高福順譯著：《中朝關係史譯文集》，頁323。

（一）獎勵措施

　　高麗使者在出使遼朝的過程中，如果表現優異，能夠順利完成使命，回國後都會得到升遷的嘉獎。如據《高麗史》〈靖宗世家〉記載：「靖宗元年（1035）六月，寧德鎮回牒契丹來遠城云：竊以公文書至，備見親仁，……竊念當國於延琳作亂之初，是大國興兵之際，道途艱阻，人使寢停。厥後內史舍人金智慶克復於東都，戶部侍郎李守和續進獻其方物。先大王之棄國也，閣門使蔡忠顯將命而告終；先皇帝之升遐也，尚書左丞柳喬遄征而會葬；今皇帝之繼統也，給事中金行恭乘傳而朝賀」[66]。同時據《高麗史》〈德宗世家〉，柳喬出使時的官職為工部郎中（正五品）[67]，此處記作尚書左丞（從三品），金行恭出使時官職為郎中（正五品）[68]，此處記作給事中（從四品），知此處所記為使者升遷後的官職。同時上文提到的金仁存於乾統五年（1105）以肅宗告哀使出使遼朝，出使時的官職為中書舍人（從四品）[69]，而當完成使命歸國後，「拜禮部侍郎、諫議大夫」[70]，升職為正四品。李壽、黃君裳於天慶四年（1114）赴遼謝橫宣，出使時的官職分別為衛尉卿（從三品）、通事舍人（正七品）[71]，次年再次出使時，官職分別為尚書（正三品）與侍郎（正四品）[72]。而當高麗使者被遼朝扣留不能回國時，高麗同樣會對使者進行升遷。據《高麗史》〈顯宗世家一〉記載：開泰三年（1014）六月，顯宗對統和二十八年

66　（朝鮮王朝）鄭麟趾等：《高麗史（第一）》卷6〈靖宗世家〉，頁81。

67　（朝鮮王朝）鄭麟趾等：《高麗史（第一）》卷5〈德宗世家〉，頁75。

68　（朝鮮王朝）鄭麟趾等：《高麗史（第一）》卷5〈德宗世家〉，頁75。

69　（朝鮮王朝）鄭麟趾等：《高麗史（第一）》卷12〈睿宗世家一〉，頁177。

70　（朝鮮王朝）鄭麟趾等：《高麗史（第三）》卷96〈金仁存傳〉，頁109。

71　（朝鮮王朝）鄭麟趾等：《高麗史（第一）》卷13〈睿宗世家二〉，頁200。

72　（朝鮮王朝）鄭麟趾等：《高麗史（第一）》卷14〈睿宗世家三〉，頁201。

（1010）八月至十月間出使遼朝被留不還的五名高麗使者的官職進行
升遷。「是月，加陳頔、李禮均為門下侍郎，平章事王同穎為內史侍
郎，平章事尹餘為司宰卿，王佐暹為將作少監，以奉使契丹被留未還
也」[73]。此外，對於為了維護高麗本國利益而犧牲性命的使者，高麗
同樣會對其功勞進行追認，對其官職進行追封。如重熙二十一年
（1052），高麗文宗制曰：「左司郎中河拱辰，在統和二十八年，契丹
兵入侵，臨敵忘身，掉三寸舌，能卻大兵，可圖形閣上」。不久「又
錄其功，贈尚書、工部侍郎」[74]。

　　由於遼麗交往早期發生多次大規模戰爭，期間出使的高麗使者有
的順利完成使命後歸國，對於被遼朝扣留，甚至客死在異國他鄉者，
高麗政府也有許多優待政策，如恩澤其家、蔭補其後代等。如高麗顯
宗於開泰九年（1020）二月，「以門下侍郎陳頔、李禮均、內史侍郎
王同穎、司宰卿尹餘、將作少監王佐暹、少府丞金德華、將作注簿金
征祜、大醫監金得宏被留契丹，各賜其妻米穀有差。封佐暹妻為開城
郡君，子夷甫授禮部主事」[75]。德宗於重熙元年（1032）七月，「以李
禮均等八人使於契丹，被留不還，賜妻子物有差」[76]。同時顯宗亦曾
下教錄河拱辰功績，加河拱辰子則忠祿資。文宗於重熙二十一年
（1052）超授河拱辰子則忠五品職[77]。肅宗在即位時下詔曰：「太祖代
及三韓功臣內外孫無職者，戶許一人入仕。顯廟功臣河拱辰、將軍宋
國華及庚戌年如契丹見留使副，許其子孫一人入仕」[78]。甚至在忠宣王
即位後，教曰：「祖代功臣之內外五世玄孫之子，代代配享功臣內外

73　（朝鮮王朝）鄭麟趾等：《高麗史（第一）》卷4〈顯宗世家一〉，頁57。

74　（朝鮮王朝）鄭麟趾等：《高麗史（第三）》卷94〈河拱辰傳〉，頁88。

75　（朝鮮王朝）鄭麟趾等：《高麗史（第一）》卷4〈顯宗世家一〉，頁63。

76　（朝鮮王朝）鄭麟趾等：《高麗史（第一）》卷5〈德宗世家〉，頁76。

77　（朝鮮王朝）鄭麟趾等：《高麗史（第三）》卷94〈河拱辰傳〉，頁88。

78　（朝鮮王朝）鄭麟趾等：《高麗史（第二）》卷75〈選舉志三〉，頁537-538。

五世玄孫之曾孫，太祖代衛社戰亡金樂、金哲、申崇謙及能使丹兵還
退徐熙、河拱辰、盧戩、楊規等內外孫與玄孫中一名許初入仕」[79]。
復位後教曰：「祖王代六功臣、壁上功臣、顯王南幸時侍奉功臣等內
外玄孫之玄孫，歷代配享功臣內外玄孫之曾孫例以戶一名許初職。祖
王代衛社功臣金樂、金哲、申崇謙及成王代功臣徐熙、顯王代功臣河
拱辰、盧戩、楊規等內外玄孫之玄孫例以一戶一名許初職」[80]。足見
高麗政府對於這些使者的家屬與後人的關心和優待。

（二）懲罰措施

高麗政府在對完成出使任務的使者予以升遷嘉獎、優待激勵的同
時，對有辱使命的使者則會給予相應的懲罰。大概說來，高麗使者有
辱使命主要分為以下四種情況：

首先，失職辱命。如清寧元年（1055）出使遼朝的生辰回謝使崔
宗弼，因宗字犯遼興宗名宗真諱，故崔宗弼將表狀中的名字改為崔
弼。而高麗門下省認為：「宗弼宜答以我國不知所諱，誤犯之，表章
所載，未敢擅改。彼若強之，但減點畫，庶合於禮。宗弼擅改表文，
有辱使命，請科罪」[81]。其次，失節。如天慶五年（1115）出使遼朝
的尹彥純，「睿宗朝以侍御史如遼賀天興節。時金兵起，路梗，又高
永昌叛據東京，彥純與徐助（昉）、李德允等為永昌所拘，逼令上表
稱賀。彥純不能守節，一如所言。及還，匿情不首，事泄，有司劾治
其罪」[82]。再次，經濟犯罪。如天慶六年（1116）高麗睿宗「遣秘書
校書郎鄭良稷稱為安北都護府衙前，持牒如遼東京，詗知節日使尹彥

79　（朝鮮王朝）鄭麟趾等：《高麗史（第二）》卷75〈選舉志三〉，頁538。

80　（朝鮮王朝）鄭麟趾等：《高麗史（第二）》卷75〈選舉志三〉，頁539。

81　（朝鮮王朝）鄭麟趾等：《高麗史（第一）》卷7〈文宗世家一〉，頁108。

82　（朝鮮王朝）鄭麟趾等：《高麗史（第三）》卷96〈尹瓘傳〉，頁117。

純、進奉使徐昉、賀正使李德允等稽留事」。而「時東京渤海人作
亂，殺留守蕭保先，立供奉官高永昌，僭稱皇帝，國號大元，建元隆
基。良稷至，詐稱官銜，上表稱臣，以國家所遺留守土物贈永昌，得
厚報。及還，匿不奏，事覺，有司請下獄治之，從之」[83]。最後，失
察。如壽昌六年（1100）出使遼朝謝詔諭的李軌（初名載）。先是遼
使王蕚見興王寺小鐘，歎美曰：「我朝所未有」。大覺國師煦謂蕚曰：
「吾聞皇帝崇信佛教，請以此鐘獻之」。蕚曰：「可」。煦請鑄金鐘二
□將獻於遼帝，遂屬回謝使孔目官李復先奏其意，遼帝以蕚奉使妄有
求索，加峻刑，令勿獻。及復還，刑部奏治其罪。而回謝使、禮部郎
中李軌「以知而不禁亦罷」[84]。

由此可知，高麗對使遼使者管理嚴格，獎懲分明。通過嚴格的
選任標準與完善的優待機制與懲罰條例，有效促進了遼麗關係的健
康發展，有利於遼麗間經濟、文化的交流，有利於遼麗雙方維持長期
往來。

五　使者的作用及影響

遼麗戰爭期間，高麗使者的作用主要體現在「以口舌卻兵，立萬
世之功」[85]上。和平時期，高麗使者的作用主要體現在以下四個方面。

首先，高麗使者的活動維繫了兩國間的宗藩關係。前文已述，遼
麗雙方在正式確立宗藩關係後，尤其是在重熙七年（1038）以後，高
麗為了維護遼麗間的友好局面，每年都會派遣賀生辰使、賀正旦使、
謝賀生辰使與歲貢使赴遼，歲貢使的派遣正是高麗屬國身分的體現。

83　（朝鮮王朝）鄭麟趾等：《高麗史（第一）》卷14〈睿宗世家三〉，頁204。

84　（朝鮮王朝）鄭麟趾等：《高麗史（第三）》卷97〈李軌傳〉，頁127。

85　（朝鮮王朝）鄭麟趾等：《高麗史（第三）》卷94〈徐熙傳〉，頁77。

　　其次，高麗使者有效維護了本國的國家安全與利益。如高麗曾於大康元年（1075）遣使請罷鴨綠江船橋，大安二年（1086）遣使請罷鴨綠江榷場等。同時高麗還通過派遣使者搜集遼朝情報。如邵臺輔曾進言：「請自今令入遼使者，揀壯健者為傔從，因使偵察疆域事勢」[86]。

　　再次，高麗通過使者往來，從而在與遼朝進行的「貢賜貿易」中獲取大量回賜，滿足了上層統治者的需求。如遼朝曾分別於大安四年（1088）與大安九年（1093）遣使賜高麗羊。而據《宣和奉使高麗圖經》記載：「國俗有羊豕，非王公貴人不食，細民多食海品」[87]。可知遼朝作為回賜物品給予的羊，多為高麗貴族階層享用。

　　最後，高麗通過與遼朝間的使者往來，吸收了遼朝的文化。如制度，清寧四年（1058），遼使王宗亮對高麗送伴使崔尚介紹遼朝之法：「惟昏夕許用花燭，人臣會客，雖至侵夜，不得燃燭」，後高麗文宗下令從之；如佛教，有遼一代，遼修《大藏經》曾六次傳入高麗[88]；如風俗，高麗仁宗在遼朝滅亡後四年（1129）承認「今則上自朝廷，下至民庶，競華靡之風，襲丹狄之俗，往而不返」[89]，遼文化對高麗的影響可見一斑。

86　（朝鮮王朝）鄭麟趾等：《高麗史（第三）》卷95〈邵臺輔傳〉，頁102。

87　（宋）徐兢：《宣和奉使高麗圖經》卷23〈雜俗二〉（北京市：中華書局，1985年），頁79。

88　章宏偉：〈十-十四世紀中國與朝鮮半島的漢文大藏經交流〉，《古籍整理研究學刊》2009年第6期，頁38-39。

89　（朝鮮王朝）鄭麟趾等：《高麗史（第一）》卷16〈仁宗世家二〉，頁236。

第四章

遼朝出使高麗使者類型研究
——以冊封、加冊與賀生辰使為中心

　　關於遼朝遣使冊封、加冊及賀高麗國王生辰的相關問題，學界一直給予較多關注，並已取得許多非常有價值的成果，但由於史料記載的欠缺與混亂，導致目前對此問題的研究，尚不能得出令多數學者信服的結論，仍存在進一步研究的必要。本章試從分析高麗國王受遼冊封、加冊及賀生辰的七種類型入手，進而論述遼朝遣使冊封、加冊及賀高麗國王生辰的三個特點，希望有助於對此問題研究的深化。

一　高麗國王受遼冊封、加冊及賀生辰的七種類型

　　高麗自遼聖宗統和十二年（西元994年）春二月「始行契丹統和年號」[1]，正式成為遼朝的藩屬國。至高麗睿宗十一年（1116）四月，「以遼為金所侵，正朔不可行，凡文牒除去天慶年號，但用甲子」[2]，「高麗對遼的朝貢結束」[3]。一二二年間，高麗歷經成宗、穆宗、顯宗、德宗、靖宗、文宗、順宗、宣宗、獻宗、肅宗、睿宗十一任國王，每位國王的生卒日，受遼朝冊封、加冊、賀生辰情況，茲考述如下：

1　（朝鮮王朝）鄭麟趾等：《高麗史（第一）》卷3〈成宗世家〉，頁45。

2　（朝鮮王朝）鄭麟趾等：《高麗史（第二）》卷86〈年表一〉，頁730。

3　付百臣：《中朝歷代朝貢制度研究》，頁59。

（一）成宗

成宗名治，生於高麗光宗十一年（西元960年）十二月[4]，卒於遼聖宗統和十五年（西元997年）十月[5]。統和十四年（西元996年）三月，受遼朝冊封為高麗國王[6]，此為遼朝遣使冊封高麗國王之始。統和十五年十二月，遼賀生辰使抵達高麗賀成宗生辰[7]，此為遼朝派遣賀生辰使之始。無遼朝遣使加冊成宗的記載。

（二）穆宗

穆宗名誦，生於高麗景宗五年（西元980年）五月[8]，卒於統和二十七年（1009）二月[9]。統和十六年（西元998年）十一月，遼遣使冊誦為高麗國王[10]。統和十七年（西元999年）十月[11]、統和二十五年（1007）二月[12]，兩度受遼朝加冊。無遼朝遣使賀穆宗生辰的記載。

（三）顯宗

顯宗名詢，生於高麗成宗十一年（西元992年）七月[13]，卒於遼聖宗太平十一年（1031）五月[14]。遼聖宗太平二年（1022）四月，受遼

4　（朝鮮王朝）鄭麟趾等：《高麗史（第一）》卷3〈成宗世家〉，頁35。

5　（朝鮮王朝）鄭麟趾等：《高麗史（第一）》卷3〈成宗世家〉，頁47。

6　（朝鮮王朝）鄭麟趾等：《高麗史（第一）》卷3〈成宗世家〉，頁46。

7　（朝鮮王朝）鄭麟趾等：《高麗史（第一）》卷3〈穆宗世家〉，頁47。

8　（朝鮮王朝）鄭麟趾等：《高麗史（第一）》卷3〈穆宗世家〉，頁47。

9　（朝鮮王朝）鄭麟趾等：《高麗史（第一）》卷3〈穆宗世家〉，頁50。

10　（元）脫脫等：《遼史》卷14〈聖宗紀五〉，頁168。

11　（朝鮮王朝）鄭麟趾等：《高麗史（第一）》卷3〈穆宗世家〉，頁48。

12　（朝鮮王朝）鄭麟趾等：《高麗史（第一）》卷3〈穆宗世家〉，頁49。

13　（朝鮮王朝）鄭麟趾等：《高麗史（第一）》卷4〈顯宗世家一〉，頁51。

14　（朝鮮王朝）鄭麟趾等：《高麗史（第一）》卷5〈顯宗世家二〉，頁73。

朝冊封為高麗國王[15]。太平三年（1023）至太平九年（1029）及太平十一年（1031），遼朝八次遣使賀顯宗生辰，皆於每年的七月抵達。無遼朝遣使加冊顯宗的記載，但遼朝於太平三年首次遣使冊封高麗太子欽（即德宗）為高麗國公[16]。

（四）德宗

德宗名欽，生於遼聖宗開泰五年（1016）五月[17]，卒於遼興宗重熙三年（1034）九月[18]。無遼朝遣使冊封、加冊、賀德宗生辰的記載。

（五）靖宗

靖宗名亨，生於開泰七年（1018）七月[19]，卒於重熙十五年（1046）五月[20]。重熙八年（1039）四月，受遼朝冊封為高麗國王[21]。重熙八年（1039）至重熙十四年（1045），遼朝七次遣使賀靖宗生辰，皆於每年的七月抵達。並於重熙十二年（1043）十一月，受遼朝加冊[22]。

（六）文宗

文宗名徽，生於開泰八年（1019）十二月[23]，卒於遼道宗大康九年（1083）七月[24]。重熙十六年（1047）九月，受遼朝冊封為高麗國

15　（朝鮮王朝）鄭麟趾等：《高麗史（第一）》卷4〈顯宗世家一〉，頁65。

16　（朝鮮王朝）鄭麟趾等：《高麗史（第一）》卷5〈顯宗世家二〉，頁67。

17　（朝鮮王朝）鄭麟趾等：《高麗史（第一）》卷5〈德宗世家〉，頁74。

18　（朝鮮王朝）鄭麟趾等：《高麗史（第一）》卷5〈德宗世家〉，頁79。

19　（朝鮮王朝）鄭麟趾等：《高麗史（第一）》卷6〈靖宗世家〉，頁80。

20　（朝鮮王朝）鄭麟趾等：《高麗史（第一）》卷6〈靖宗世家〉，頁93-94。

21　（朝鮮王朝）鄭麟趾等：《高麗史（第一）》卷6〈靖宗世家〉，頁86-87。

22　（朝鮮王朝）鄭麟趾等：《高麗史（第一）》卷6〈靖宗世家〉，頁91-92。

23　（朝鮮王朝）鄭麟趾等：《高麗史（第一）》卷7〈文宗世家一〉，頁94。

24　（朝鮮王朝）鄭麟趾等：《高麗史（第一）》卷9〈文宗世家三〉，頁140。

王[25]。重熙十七年（1048）至大康八年（1082），遼朝三十五次遣使賀文宗生辰，除重熙十七年於十一月抵達高麗外，其餘皆於十二月抵達。並分別於重熙十八年（1049）正月[26]、遼道宗清寧元年（1055）五月[27]、清寧三年（1057）三月[28]、遼道宗咸雍元年（1065）四月[29]四次接受遼朝加冊。不僅如此，遼朝還於清寧元年五月遣使冊封高麗太子勳（即順宗）為三韓國公[30]，並於清寧三年三月[31]與咸雍元年四月[32]對其兩度加冊。

（七）順宗

順宗名勳，生於重熙十六年（1047）十二月[33]，卒於大康九年（1083）十月[34]。無遼朝遣使冊封、加冊、賀順宗生辰的記載。

（八）宣宗

宣宗名運，生於重熙十八年（1049）九月[35]，卒於遼道宗大安十年（1094）五月[36]。大安元年（1085）十一月，受遼朝冊封為高麗國王[37]。大安元年至大安九年（1093），遼朝九次遣使賀宣宗生辰，除大

---

25 （朝鮮王朝）鄭麟趾等：《高麗史（第一）》卷7〈文宗世家一〉，頁97。
26 （朝鮮王朝）鄭麟趾等：《高麗史（第一）》卷7〈文宗世家一〉，頁99。
27 （朝鮮王朝）鄭麟趾等：《高麗史（第一）》卷7〈文宗世家一〉，頁106-107。
28 （朝鮮王朝）鄭麟趾等：《高麗史（第一）》卷8〈文宗世家二〉，頁111。
29 （朝鮮王朝）鄭麟趾等：《高麗史（第一）》卷8〈文宗世家二〉，頁120。
30 （朝鮮王朝）鄭麟趾等：《高麗史（第一）》卷7〈文宗世家一〉，頁107。
31 （朝鮮王朝）鄭麟趾等：《高麗史（第一）》卷8〈文宗世家二〉，頁112。
32 （朝鮮王朝）鄭麟趾等：《高麗史（第一）》卷8〈文宗世家二〉，頁120-121。
33 （朝鮮王朝）鄭麟趾等：《高麗史（第一）》卷9〈順宗世家〉，頁140。
34 （朝鮮王朝）鄭麟趾等：《高麗史（第一）》卷9〈順宗世家〉，頁140-141。
35 （朝鮮王朝）鄭麟趾等：《高麗史（第一）》卷10〈宣宗世家〉，頁141。
36 （朝鮮王朝）鄭麟趾等：《高麗史（第一）》卷10〈宣宗世家〉，頁153。
37 （朝鮮王朝）鄭麟趾等：《高麗史（第一）》卷10〈宣宗世家〉，頁143-144。

安元年使者「不及期」[38]、大安四年（1088）於十月[39]抵達高麗外，其餘皆於九月按時抵達。無遼朝遣使加冊宣宗或冊封王太子的記載。

（九）獻宗

獻宗名昱，生於大康十年（1084）六月[40]，卒於遼道宗壽昌三年（1097）閏二月[41]。無遼朝遣使冊封、加冊獻宗的記載。壽昌元年（1095）十一月[42]、壽昌二年（1096）十二月[43]，遼朝兩次遣使賀獻宗生辰。

（十）肅宗

肅宗名顒，生於重熙二十三年（1054）七月[44]，卒於遼天祚帝乾統五年（1105）十月[45]。壽昌三年（1097）十二月，受遼朝冊封為高麗國王[46]。壽昌四年（1098）至乾統四年（1104），遼朝七次遣使賀肅宗生辰，皆於十二月抵達。並於乾統四年（1104）四月，接受遼朝加冊[47]。不僅如此，遼朝還於壽昌六年（1100）十月遣使冊封高麗太子俁（即睿宗）為三韓國公[48]，並於乾統四年（1104）對其進行加冊[49]。

38　（朝鮮王朝）鄭麟趾等：《高麗史（第一）》卷10〈宣宗世家〉，頁143。

39　（朝鮮王朝）鄭麟趾等：《高麗史（第一）》卷10〈宣宗世家〉，頁148。

40　（朝鮮王朝）鄭麟趾等：《高麗史（第一）》卷10〈獻宗世家〉，頁153。

41　（朝鮮王朝）鄭麟趾等：《高麗史（第一）》卷10〈獻宗世家〉，頁156。

42　（朝鮮王朝）鄭麟趾等：《高麗史（第一）》卷11〈肅宗世家一〉，頁157。

43　（朝鮮王朝）鄭麟趾等：《高麗史（第一）》卷11〈肅宗世家一〉，頁160。

44　（朝鮮王朝）鄭麟趾等：《高麗史（第一）》卷11〈肅宗世家一〉，頁156。

45　（朝鮮王朝）鄭麟趾等：《高麗史（第一）》卷12〈肅宗世家二〉，頁176-177。

46　（朝鮮王朝）鄭麟趾等：《高麗史（第一）》卷11〈肅宗世家一〉，頁161。

47　（朝鮮王朝）鄭麟趾等：《高麗史（第一）》卷12〈肅宗世家二〉，頁173-174。

48　（朝鮮王朝）鄭麟趾等：《高麗史（第一）》卷11〈肅宗世家一〉，頁165。

49　（朝鮮王朝）鄭麟趾等：《高麗史（第一）》卷12〈肅宗世家二〉，頁174-175。

（十一）睿宗

睿宗名俁，生於大康五年（1079）正月[50]，卒於保大二年（1122）四月[51]。乾統八年（1108）二月，受遼朝冊封為高麗國王[52]。乾統七年（1107）至天慶六年（1116），遼朝十次遣使賀睿宗生辰，皆於正月抵達。無遼朝遣使加冊睿宗或冊封王太子的記載。

綜上，可得高麗國王受遼冊封、加冊及賀生辰的七種類型（見表一）：

表一　高麗國王受遼冊封、加冊及賀生辰的七種類型一覽表

	冊封	加冊	賀生辰	賀生辰使抵達時間與國王生日是否相符	高麗國王
1	＋	＋	＋	＋	靖宗、文宗
2	＋	＋	＋	－	肅宗
3	＋	＋	－		穆宗
4	＋	－	＋	＋	成宗、顯宗睿宗
5	＋		＋	－	宣宗
6	－		＋		獻宗
7	－	－	－		德宗、順宗

注：「＋」號表示是，「－」號表示否。

---

50 （朝鮮王朝）鄭麟趾等：《高麗史（第一）》卷12〈睿宗世家一〉，頁177。

51 （朝鮮王朝）鄭麟趾等：《高麗史（第一）》卷14〈睿宗世家三〉，頁217-218。

52 （朝鮮王朝）鄭麟趾等：《高麗史（第一）》卷12〈睿宗世家一〉，頁184。

二　遼朝遣使冊封、加冊及賀高麗國王生辰的三個特點

首先，高麗國王得到遼朝冊封須滿足兩個條件：良好的遼麗關係及在位一年以上。

由上文可知，高麗十一任國王中受遼冊封的有成宗、穆宗、顯宗、靖宗、文宗、宣宗、肅宗、睿宗八人，其從即位到受冊所用時間，詳見下表（見表二）：

表二　高麗成、穆、顯、靖、文、宣、肅、睿八位國王
　　　從即位到受冊用時一覽表

	高麗國王	即位時間	受冊時間	用時
1	成宗	西元981年7月	西元996年3月	176個月
2	穆宗	西元997年10月	西元998年11月	13個月
3	顯宗	1009年2月	1022年4月	158個月
4	靖宗	1034年9月	1039年4月	55個月
5	文宗	1046年5月	1047年9月	16個月
6	宣宗	1083年10月	1085年11月	25個月
7	肅宗	1095年10月	1097年12月	26個月
8	睿宗	1105年10月	1108年2月	28個月

數據來源：《高麗史》卷三〈成宗世家〉至卷十二〈睿宗世家一〉。

由上表可知，成宗、顯宗、靖宗從即位至得到遼朝冊封，歷時較長。這是因為成宗即位時，高麗尚未成為遼朝的藩屬國，遼朝通過統和十一年（西元993年）對高麗的第一次征伐，才迫使高麗加入遼朝構建

的封貢體系之內[53]；顯宗即位後不久，即與遼朝進入大規模交戰階段，戰爭一直持續到開泰九年（1020）；靖宗即位時，正值遼麗關係緊張時期，雖未發生大規模衝突，但高麗「廣收遼叛逃人員、抄掠遼兵、阻攔東女真與遼的聯繫」[54]，而遼朝在多次警告無效的情況下，於重熙二年（1033）[55]與重熙六年（1037）[56]，兩度派兵進攻高麗邊境，對高麗國王的冊封自然無從談起。因此，高麗國王即位後，良好的遼麗關係是其能夠順利得到遼朝冊封的前提條件。由此我們可以理解德宗沒能得到遼朝冊封的原因。太平十一年（1031）五月，德宗即位後，欲借遼聖宗去世、大延琳叛亂餘波未盡之機，迫使遼朝從保州城撤軍、拆毀鴨綠江浮橋、並歸還扣留的高麗使者[57]。當遼朝拒絕這些要求後，高麗單方面宣布終止與遼朝的使者往來，於同年十一月辛丑「停賀正使，仍用聖宗太平年號」[58]，導致雙方關係迅速惡化，甚至在德宗元年（遼重熙元年，1032）出現「契丹遺留使來，至來遠城，不納。遂城朔州、寧仁鎮、派川等縣備之」[59]的劍拔弩張的局面。此次衝突導致雙方使者往來中斷五年之久，而德宗僅在位四年，便於重熙三年（1034）九月病逝，因而未能得到遼朝冊封。

除良好的遼麗關係外，高麗國王想得到遼朝冊封，在位至少需要一年。一般來說，高麗新國王自即位至得到宗主國遼朝冊封之前，需要經歷以下兩個階段：首先，新國王即位後，須遣使至遼朝「告

---

53 陳俊達：〈遼對高麗的第一次征伐新探〉，《邢臺學院學報》2014年第3期，頁106-107。

54 付百臣：《中朝歷代朝貢制度研究》，頁58。

55 （朝鮮王朝）鄭麟趾等：《高麗史（第一）》卷5〈德宗世家〉，頁78。

56 （朝鮮王朝）鄭麟趾等：《高麗史（第一）》卷6〈靖宗世家〉，頁84。

57 （朝鮮王朝）鄭麟趾等：《高麗史（第三）》卷94〈王可道傳〉，頁90。

58 （朝鮮王朝）鄭麟趾等：《高麗史（第一）》卷5〈德宗世家〉，頁75。

59 （朝鮮王朝）鄭麟趾等：《高麗史（第一）》卷5〈德宗世家〉，頁75。

哀」、「告嗣位」。如成宗於統和十五年（西元997年）十月去世後，即位的穆宗於十一月「遣閤門使王同穎如契丹告嗣位」[60]；靖宗於重熙十五年（1046）五月去世後，即位的文宗於六月甲寅「遣尚書工部郎中崔爰俊如契丹告哀」[61]。其次，遼朝在得知高麗國王去世後，遣使「賵贈」、「祭奠」、「弔慰」、「起復」。如遼朝因成宗去世，「敕還納幣之物」[62]；靖宗去世後，遼朝遣起居舍人周宗白前往高麗「歸賵」[63]，並遣忠順軍節度使蕭慎微、守殿中少監康化成等祭奠[64]；肅宗去世後，遼朝同時派遣祭奠使、弔慰使、起復使三個使團前往高麗[65]。經過這一系列程式後，遼朝才會對高麗新國王進行冊封。由上表可知，這一過程需時十三個月至二十八個月不等。因此，順宗僅在位三個月（大康九年〔1083〕7月至10月）即病逝，所以未能得到遼朝冊封。而宣宗於大安十年（1094）五月去世後，即位的獻宗遣使至遼朝報哀，遼朝隨即派遣賵贈使[66]、敕祭使、慰問使、起復使[67]前往高麗，並告知獻宗已令「所司擇日，備禮冊命」[68]，然而獻宗卻於遼朝正式冊封前，於次年十月下制退位，所以亦未能得到遼朝冊封。

其次，遼朝皇帝即位、上尊號或出於某種政治目的時，會對高麗國王進行加冊。

前文已述，穆宗、靖宗、文宗、肅宗四位高麗國王，除得到遼朝

60 （朝鮮王朝）鄭麟趾等：《高麗史（第一）》卷3〈穆宗世家〉，頁47。

61 （朝鮮王朝）鄭麟趾等：《高麗史（第一）》卷7〈文宗世家一〉，頁94。

62 （朝鮮王朝）鄭麟趾等：《高麗史（第一）》卷3〈穆宗世家〉，頁47-48。

63 （朝鮮王朝）鄭麟趾等：《高麗史（第一）》卷7〈文宗世家一〉，頁95。

64 （朝鮮王朝）鄭麟趾等：《高麗史（第一）》卷7〈文宗世家一〉，頁95。

65 （朝鮮王朝）鄭麟趾等：《高麗史（第一）》卷12〈睿宗世家一〉，頁178-179。

66 （元）脫脫等：《遼史》卷25〈道宗紀五〉，頁342。

67 （朝鮮王朝）鄭麟趾等：《高麗史（第一）》卷10〈獻宗世家〉，頁154-155。

68 （朝鮮王朝）鄭麟趾等：《高麗史（第一）》卷10〈獻宗世家〉，頁154-155。

冊封外，亦曾受遼朝加冊。其中穆宗受加冊二次、靖宗一次、文宗四次、肅宗一次。四位高麗國王受遼朝加冊的原因，可分為三類：

第一，遼朝新皇帝即位後。如道宗即位後，於清寧三年（1057）加冊文宗為「兼尚書令，加食邑五千戶、食實封二百戶」[69]；天祚帝即位後，於乾統四年（1104）加冊肅宗為「忠勤奉國功臣、開府儀同三司、守太尉、兼中書令、上柱國、高麗國王，食邑七千戶，食實封七百戶」[70]。

第二，遼朝皇帝上尊號後。如聖宗在統和二十四年（1006）十月，上尊號為「至德廣孝昭聖天輔皇帝」[71]後，於次年遣使加冊穆宗為「守義保邦推誠奉聖功臣、開府儀同三司、守尚書令、兼政事令、上柱國，食邑七千戶，食實封七百戶」[72]；興宗在重熙十一年（1042）十一月「加上尊號曰聰文聖武英略神功睿哲仁孝皇帝」[73]後，於次年遣使加冊靖宗為「守太傅、兼中書令，加食邑三千戶，食實封三百戶，仍賜同德致理四字功臣，散官勳爵如故」[74]；興宗在重熙二十三年（1054）十一月上尊號為「欽天奉道祐世興曆武定文成聖神仁孝皇帝」[75]後，於次年遣使加冊文宗為「守太師，加食邑五千戶，食實封五百戶，餘如故」[76]；道宗於清寧二年（1056）「上尊號曰天祐皇帝」[77]後，於次年加冊文宗為「兼尚書令，加食邑五千戶、食實封二百戶」[78]；道宗

---

69 （朝鮮王朝）鄭麟趾等：《高麗史（第一）》卷8〈文宗世家二〉，頁111。

70 （朝鮮王朝）鄭麟趾等：《高麗史（第一）》卷12〈肅宗世家二〉，頁174。

71 （元）脫脫等：《遼史》卷14〈聖宗紀五〉，頁177。

72 （朝鮮王朝）鄭麟趾等：《高麗史（第一）》卷3〈穆宗世家〉，頁49。

73 （元）脫脫等：《遼史》卷19〈興宗紀二〉，頁260。

74 （朝鮮王朝）鄭麟趾等：《高麗史（第一）》卷6〈靖宗世家〉，頁92。

75 （元）脫脫等：《遼史》卷20〈興宗紀三〉，頁281。

76 （朝鮮王朝）鄭麟趾等：《高麗史（第一）》卷7〈文宗世家一〉，頁106。

77 （元）脫脫等：《遼史》卷21〈道宗紀一〉，頁288。

78 （朝鮮王朝）鄭麟趾等：《高麗史（第一）》卷8〈文宗世家二〉，頁111。

於咸雍元年（1065）「加上尊號曰聖文神武全功大略廣智聰仁睿孝天祐皇帝」後，改元，大赦[79]，並遣使加冊文宗為「守正保義四字功臣，食邑三千戶，食實封三百戶，餘如故」[80]。

第三，出於某種政治目的時。如聖宗於統和十七年（西元999年）遣右常侍劉績赴高麗，加冊穆宗尚書令[81]，是由於同年聖宗親率遼軍大舉伐宋，為穩定後方、避免兩線作戰而拉攏高麗；興宗於重熙十八年（1049）加冊文宗「高麗國王，加食邑三千戶，食實封三百戶，仍賜資忠奉上四字功臣，階勳如故」[82]，同樣是由於遼朝在取得遼宋關南地之爭的勝利後，「狃於一勝，移師西夏」[83]，遼夏戰爭全面爆發，遼興宗親征，因而拉攏高麗。

此外，聖宗於太平元年（1021）十一月，上尊號為「睿文英武遵道至德崇仁廣孝功成治定昭聖神贊天輔皇帝」[84]後，於次年四月遣御史大夫上將軍蕭懷禮等冊封顯宗為「開府儀同三司、守尚書令、上柱國、高麗國王，食邑一萬戶，食實封一千戶」，仍賜車服儀物[85]。張國慶認為這是遼朝「加冊」高麗國王的表現[86]，實則不然。此為遼朝在結束與高麗長達十年的戰爭狀態後，對顯宗高麗國王身分的承認。

綜上所述，遼朝對高麗國王進行加冊，不是因為受加冊的高麗國王「在位時間長」[87]，而是因為遼帝即位、上尊號或出於某種政治目

79　（元）脫脫等：《遼史》卷22〈道宗紀二〉，頁300。
80　（朝鮮王朝）鄭麟趾等：《高麗史（第一）》卷8〈文宗世家二〉，頁120。
81　（朝鮮王朝）鄭麟趾等：《高麗史（第一）》卷3〈穆宗世家〉，頁48。
82　（朝鮮王朝）鄭麟趾等：《高麗史（第一）》卷7〈文宗世家一〉，頁99。
83　（元）脫脫等：《遼史》卷93〈列傳第二十三〉「論曰」，頁1517-1518。
84　（元）脫脫等：《遼史》卷16〈聖宗紀七〉，頁211。
85　（朝鮮王朝）鄭麟趾等：《高麗史（第一）》卷4〈顯宗世家一〉，頁65。
86　張國慶：〈遼與高麗關係演變中的使職差遣〉，遼寧省遼金契丹女真史研究會編：《遼金歷史與考古》第四輯，頁159。
87　劉一：〈遼麗封貢制度研究〉，《滿族研究》2012年第2期，頁61。

的，這也是成宗、顯宗、宣宗、睿宗四位高麗國王未能得到遼朝加冊
的原因，至於德宗、順宗、獻宗，前文已述，三人未曾得到遼朝冊
封，更不用說加冊了。

最後，遼朝遣使賀高麗國王生辰不是遼麗地位平等的體現，而與
冊封一樣，是遼朝承認高麗國王的標誌。

統和十二年（西元994年）至天慶六年（1116）間，遼朝共遣使賀
高麗國王生辰七十九次，是遼朝派遣出使高麗的使團中頻度最高的。
金渭顯認為，派遣賀生辰使標誌著遼朝對高麗「除了維持宗主國的名
義關係外，另發展出一種平行對等的關係，這種平行對等的相互關
係，已經極為接近近代國際社會中，各主權國家之間的關係了」[88]。
魏志江認為，派遣賀生辰使體現了「在不平等朝貢體制的規範下，仍
存在一些國際交往中的平等因素」[89]。然而，仔細分析高麗國王受遼
朝賀生辰的情況後可以發現，遼朝遣使賀高麗國王生辰絕不是遼麗地
位平等的體現，而與冊封一樣，是遼朝承認高麗國王的標誌。

據《高麗史》記載，遼朝僅在忙於祭奠去世的高麗國王、冊封即
位的新王的年份中不派遣賀生辰使，其餘年份，即使是在遼朝皇帝去
世時，也未曾停止賀生辰使的派遣。如太平十一年（1031）六月聖宗
去世後，遼朝仍遣耶律溫德、趙象玄赴高麗賀顯宗生辰，並於同年七
月按時抵達[90]；重熙二十四年（1055）八月興宗去世後，遼朝仍遣金
州刺史耶律長正赴高麗賀文宗生辰，並於同年十二月按時抵達[91]。可
見遼朝對賀高麗國王生辰一事的重視。然而由表一可知，高麗十一位
國王中遼朝既遣使賀生辰且賀生辰使抵達高麗的時間與生日相符的僅

---

88 （韓）金渭顯：《契丹的東北政策──契丹與高麗女真關係之研究》，頁173。

89 魏志江：〈遼宋麗三角關係與東亞地區秩序〉，復旦大學韓國研究中心：《韓國研究
論叢》第四輯，頁321。

90 （朝鮮王朝）鄭麟趾等：《高麗史（第一）》卷5〈德宗世家〉，頁74。

91 （朝鮮王朝）鄭麟趾等：《高麗史（第一）》卷7〈文宗世家一〉，頁108。

有成宗、顯宗、靖宗、文宗、睿宗五人，其餘六位國王中，宣宗、獻宗、肅宗三人雖然遼朝遣使賀其生辰但賀生辰使抵達高麗的時間與其生日不相符；穆宗、德宗、順宗三人，無遼朝遣使賀其生辰的記載。

前文已述，獻宗生於大康十年（1084）六月，肅宗生於統和二十三年（1054）七月，而遼朝賀生辰使卻於壽昌元年（1095）十一月、次年十二月抵達高麗賀獻宗生辰，於壽昌四年（1098）至乾統四年（1104）間，每年的十二月抵達高麗，賀肅宗生辰。無論是十一月還是十二月，皆與獻宗、肅宗的生辰不符。前輩學者暫無對此反常現象的分析，本文認為，因相關史書中不見獻宗、肅宗「改期受賀」的記載，故此為遼朝單方面修改派遣賀生辰使的時間；又遼朝此前賀顯宗和靖宗生辰時，使者皆於七月抵達高麗，故此非「暑雨泥潦，使驛艱阻」而導致的「不及期」或延期遣使。應結合獻宗、肅宗即位前後的相關史事進行分析。

獻宗於大安十年（1094）五月即位後，按照相關程式遣使至宗主國報哀，遼朝在得知宣宗去世的消息後，隨即派遣賵贈使、敕祭使、慰問使、起復使前往高麗，並告知獻宗遼朝已開始籌備對其冊封的相關事宜。然而獻宗在位僅僅十七個月後，於次年十月，以「病羸不能撫邦」[92]為由，下制禪位給年長自己三十歲的叔父（即肅宗）。肅宗即位後立即遣使向遼朝報告[93]，遼朝得知後卻遣使來賀「前王生辰」[94]。因此時獻宗已禪位，故此前王當指獻宗，又獻宗生日已過，故遼朝此舉應為「補」賀獻宗生辰。遼壽昌二年（1096）為高麗肅宗元年，而遼朝仍只遣使賀獻宗生辰，並於十二月抵達，較上年晚一個月，可見此並非按照獻宗生辰時間來賀，因而具有較大的隨意性。次年初，遼

92　（朝鮮王朝）鄭麟趾等：《高麗史（第一）》卷10〈獻宗世家〉，頁155。

93　（朝鮮王朝）鄭麟趾等：《高麗史（第一）》卷11〈肅宗世家一〉，頁156。

94　（朝鮮王朝）鄭麟趾等：《高麗史（第一）》卷11〈肅宗世家一〉，頁157。

朝甚至遣使賜獻宗物[95]。閏二月獻宗去世後，十二月遼朝正式冊封肅宗
為高麗國王，同年遼朝未派遣賀生辰使。壽昌四年（1098），遼朝始遣
使賀肅宗生辰，然而賀生辰使卻於每年十二月抵達高麗，又肅宗生日在
七月，可知遼朝此舉並非是賀肅宗生辰，而只是對壽昌元年（1095）、
壽昌二年（1096）補賀獻宗生辰的繼續。同時壽昌五年（1099）十
月，「高麗王顒遣使乞封冊」[96]，道宗拒絕了肅宗加冊的請求，於次年
僅遣使冊封高麗王太子[97]。綜上，我們可以看出遼朝對肅宗即位的合
法性始終持懷疑態度。肅宗雖受遼朝冊封，每年亦受遼朝遣使賀生
辰，但遼朝通過賀生辰使抵達高麗的時間與肅宗生日不相符的方式表
達對肅宗即位的懷疑。可以佐證筆者此觀點的證據就是，當睿宗即位
後，乾統五年（1105）與乾統六年（1106）遼朝未派遣賀生辰使，但
從乾統七年（1107）開始至天慶六年（1116），遼朝賀生辰使於每年
正月抵達高麗，賀睿宗生辰。因睿宗生日在正月，故賀生辰使的派遣
又恢復到正常狀態。同樣，宣宗即位前，由於文宗與順宗一年之內同
時去世，遼朝亦懷疑宣宗即位的合法性。據《高麗史》記載，大康九
年（1083）十一月，高麗遣侍御史李資仁如遼告喪[98]。李資仁抵達遼
朝後，道宗以「二君連逝，必有其故」為由，不允許李資仁入京。後
李資仁提出「願留臣等，遣使本國究問，臣若誣罔，當服重罪」，才
得以面見道宗[99]。也正是因為宣宗即位的合法性同樣受遼朝質疑，因
此，宣宗在位期間，大安元年（1085）[100]與大安四年（1088）[101]遼賀

95　（朝鮮王朝）鄭麟趾等：《高麗史（第一）》卷11〈肅宗世家一〉，頁160。
96　（元）脫脫等：《遼史》卷26〈道宗紀六〉，頁350。
97　（朝鮮王朝）鄭麟趾等：《高麗史（第一）》卷11〈肅宗世家一〉，頁165。
98　（朝鮮王朝）鄭麟趾等：《高麗史（第一）》卷10〈宣宗世家〉，頁141。
99　（朝鮮王朝）鄭麟趾等：《高麗史（第三）》卷95〈李資仁傳〉，頁97。
100　（朝鮮王朝）鄭麟趾等：《高麗史（第一）》卷10〈宣宗世家〉，頁143。
101　（朝鮮王朝）鄭麟趾等：《高麗史（第一）》卷10〈宣宗世家〉，頁148。

生辰使同樣出現兩次未在宣宗生日之前抵達高麗的情況。由此可見，遼朝遣使賀高麗國王生辰，不是遼麗地位平等的體現，而與冊封一樣，是遼朝是否承認高麗國王的標誌。

同理穆宗由於在位期間對遼的態度始終首鼠兩端，一方面保持對遼的朝貢，一方面仍維持著與宋的關係。甚至在統和十七年（西元999年）受遼朝加冊的同時，遣吏部侍郎朱仁紹如宋，陳「國人思慕華風，為契丹劫制之狀」[102]。高麗的曖昧態度必然引起遼朝的不滿，但當時遼宋戰爭正打的難解難分，前文已述，遼朝為了避免兩線作戰，明知穆宗不純臣於己，不得已還對其兩次進行加冊，只能借停遣賀生辰使表達對穆宗的不滿。至於遼朝未遣使賀德宗、順宗生辰的原因，由前文可知，德宗由於在位期間遼麗關係緊張，順宗由於在位時間太短，因而皆未能得到遼朝遣使賀生辰的禮遇。

小結

綜上所述，我們從遼朝出使高麗的使者名目中窺知遼麗兩國的關係與地位。冊封使顯然是高麗納入以遼朝為中心的封貢體系的最好體現。而遼朝派遣的賀高麗國王生辰使不僅是對高麗遣使賀遼帝后生辰的回應，因為遼朝在對高麗國王即位合法性持懷疑態度時，會通過賀生辰使抵達高麗的時間與高麗國王生日不相符的方式來表達對其即位的懷疑，如宣宗、肅宗；對高麗國王的行為表示不滿時，會直接不派遣賀生辰使，如穆宗。概言之，冊封是遼朝承認高麗國王的標誌，不定期的加冊是宗主國對藩屬國的恩典，賀生辰則兼有二者特

102　（朝鮮王朝）鄭麟趾等：《高麗史（第一）》卷3〈穆宗世家〉，頁48。

點。[103]由此可知，遼朝使者體現的是宗主國的地位，根本上體現的是在封貢體系下遼麗兩國地位的不對等。

---

103 陳俊達、邵曉晨：〈關於遼朝遣使冊封、加冊及賀高麗國王生辰的新思考──兼論封貢體系下宗主國宗主權的行使〉，《赤峰學院學報（漢文哲學社會科學版）》2015年第5期，頁8-9。

第五章
遼朝出使高麗使者職官考

　　遼朝南面官的結銜中一般包括十類內容，依次為功臣號、職、階、官、散官（檢校官）、憲、勳、爵、邑（封）、賜。個別官員的結銜中還包括謚號和死後的贈官，但不是通例。功臣號為一種榮譽稱號，階、官、散官、憲、勳皆為虛銜，爵、邑（封）是封爵與封邑，賜是身分等級的象徵，只有職才是官員的職務。[1]遼朝派遣出使高麗的使者，存在以官、散官、憲銜、勳、職出使的現象，然至今為止，學界尚無專文對遼朝出使高麗使者的職官進行系統梳理。本章嘗試在前賢研究的基礎上，對遼朝出使高麗使者的散官、文資官、武資官、憲銜、勳、職進行研究，思考遼朝出使高麗使者的職官規律。不足之處，敬請方家批評指正。

一　散官

　　遼散官即唐朝和宋朝的檢校官，「檢校官者，自唐以來有之。凡內職崇班（今修武郎）、武臣副率以上，初除及遇恩皆帶。若文臣則樞密、宣徽、節度使始帶焉。自三公（謂太尉、司徒、司空）、三師、僕射、尚書、常侍至賓客、祭酒，凡十餘等。」[2]據王曾瑜研究，遼散官（檢校官）分十八階，自高至低依次為：檢校太師、檢校

1　楊軍：〈遼朝南面官研究——以碑刻資料為中心〉，《史學集刊》2013年第3期，頁4。
2　（宋）李心傳撰，徐規點校：《建炎以來朝野雜記甲集》卷12〈檢校官〉（北京市：中華書局，2000年），頁248。

太尉、檢校太傅、檢校太保、檢校司徒、檢校司空、檢校左僕射、檢校右僕射、檢校吏部尚書、檢校兵部尚書、檢校戶部尚書、檢校刑部尚書、檢校禮部尚書、檢校工部尚書、檢校左散騎常侍、檢校右散騎常侍、檢校太子賓客、檢校國子祭酒。與宋檢校官相比，遼朝散官依唐檢校官制，不設檢校水部員外郎，以檢校國子祭酒為最低一階，其上為檢校太子賓客，自檢校尚書右僕射之上，與宋檢校官序全同。[3]由《高麗史》記載可知，遼朝出使高麗使者中帶檢校官（或以檢校官出使）者共計三十八人次，詳見表一。

表一　遼朝出使高麗使者「散官」簡表

散官	出使時間	使者姓名	使命	正使／副使	史料出處
檢校太尉	顯宗三年（1012）	韓邠		正使	卷四〈顯宗世家一〉
	文宗二十六年（1072）	張日華	賀生辰	正使	卷九〈文宗世家三〉
檢校太傅	顯宗十七年（1026）	李知順	聘使	正使	卷五〈顯宗世家二〉
	顯宗十八年（1027）	李匡一	賀生辰	正使	卷五〈顯宗世家二〉
	靖宗十一年（1045）	耶律宣	橫宣使	正使	卷六〈靖宗世家〉
	文宗十五年（1061）	蕭述	賀生辰	正使	卷八〈文宗世家二〉
	文宗二十九年（1075）	武達	賀生辰	正使	卷九〈文宗世家三〉

3　王曾瑜：〈遼朝官員的實職和虛銜初探〉，王曾瑜：《點滴編》（保定市：河北大學出版社，2010年），頁231。

散官	出使時間	使者姓名	使命	正使／副使	史料出處
	文宗三十一年（1077）	楊祥吉	賀生辰	正使	卷九〈文宗世家三〉
	肅宗二年（1097）	耶律思齊	冊封肅宗	正使	卷十一〈肅宗世家一〉
檢校太保	顯宗十四年（1023）	黃信	賀生辰	正使	卷五〈顯宗世家二〉
	靖宗十年（1044）	劉從政	賀生辰	正使	卷六〈靖宗世家〉
檢校司徒	顯宗十一年（1020）	韓紹雍		正使	卷四〈顯宗世家一〉
	顯宗十五年（1024）	高壽	賀生辰	正使	卷五〈顯宗世家二〉
	文宗十三年（1059）	耶律德	賀生辰	正使	卷八〈文宗世家二〉
	睿宗三年（1108）	耶律寧	橫宣使	正使	卷十二〈睿宗世家一〉
檢校司空	顯宗十二年（1021）	姚居信	聘使	正使	卷四〈顯宗世家一〉
	睿宗六年（1111）	蕭遵禮	橫賜使	正使	卷十三〈睿宗世家二〉
檢校左僕射	顯宗十五年（1024）	李正倫		正使	卷五〈顯宗世家二〉
	靖宗九年（1043）	張昌齡	東京回禮使	正使	卷六〈靖宗世家〉
檢校右僕射	靖宗十一年（1045）	高惟幾	賀生辰	正使	卷六〈靖宗世家〉
	文宗十二年（1058）	蕭禧	告太皇太后喪	正使	卷八〈文宗世家二〉

散官	出使時間	使者姓名	使命	正使／副使	史料出處
	文宗十六年（1062）	耶律章	東京回禮使	正使	卷八〈文宗世家二〉
	文宗二十三年（1069）	耶律極里哥	東京回禮使	正使	卷八〈文宗世家二〉
檢校禮部尚書	靖宗八年（1042）	王永言	齎詔示諭	正使	卷六〈靖宗世家〉
檢校工部尚書	文宗五年（1051）	耶律守行	東京回禮使	正使	卷七〈文宗世家一〉
	文宗九年（1055）	耶律道	東京回禮使	正使	卷七〈文宗世家一〉
	文宗十一年（1057）	耶律可行	東京持禮回謝使	正使	卷八〈文宗世家二〉
	文宗十五年（1061）	蕭㩋思	東京回禮使	正使	卷八〈文宗世家二〉
檢校左散騎常侍	顯宗十二年（1021）	王道沖	東京使	正使	卷四〈顯宗世家一〉
	顯宗十二年（1021）	張澄岳[4]	東京使	正使	卷四〈顯宗世家一〉
	顯宗十四年（1023）	武白	冊封高麗王太子	正使	卷五〈顯宗世家二〉
	靖宗九年（1043）	韓貽孫	冊封靖宗	傳宣	卷六〈靖宗世家〉

4　據《高麗史（第一）》卷四〈顯宗世家一〉記載：顯宗十二年（1021）三月，「契丹東京使、檢校散騎常侍張澄岳來聘」，不載其具體為檢校左散騎常侍還是檢校右散騎常侍。參考同年正月，「契丹東京使左常侍王道沖來告其主將受冊禮」，為方便比較，將張澄岳暫列入檢校左散騎常侍下。（朝鮮王朝）鄭麟趾等：《高麗史（第一）》卷4〈顯宗世家一〉，頁64。

散官	出使時間	使者姓名	使命	正使／副使	史料出處
	文宗十二年（1058）	耶律延寧	東京回禮使	正使	卷八〈文宗世家二〉
檢校右散騎常侍	穆宗二年（西元999年）	劉績	加冊穆宗	正使	卷三〈穆宗世家〉
	文宗十三年（1059）	耶律延寧	東京回謝使	正使	卷八〈文宗世家二〉
	文宗十八年（1064）	耶律亙	齎詔示諭	正使	卷八〈文宗世家二〉
	宣宗五年（1088）	高德信	東京回禮使	正使	卷十〈宣宗世家〉
	肅宗六年（1101）	耶律轂	告哀	正使	卷十一〈肅宗世家一〉

　　由上表可知，遼朝出使高麗使者所帶檢校官，除檢校太師、檢校吏部尚書、檢校兵部尚書、檢校戶部尚書、檢校刑部尚書、檢校太子賓客、檢校國子祭酒不見於史料記載外，遼散官（檢校官）十八階中的餘下十一階，皆見於遼朝出使高麗使者所帶結銜。

　　遼朝出使高麗的使者同樣分為常使與泛使兩種類型。常使指遼朝定期向高麗派遣、有固定出使頻率的使者，包括賀高麗國王生辰使與聘使（橫宣使、橫賜使、宣賜使）。泛使指遼朝不定期或遇有特殊事宜臨時向高麗派遣的使者，包括冊封使、起復使（落起復使）、示諭使、告哀使、遺留使、祭奠弔慰使，以及遼朝東京派出的東京使。[5]由上表可知，遼朝帶「檢校官」出使高麗使者三十八人中，除去三人使命不詳外，餘下三十五人中，賀高麗國王生辰使十人，其中檢校太尉一人、檢校太傅四人、檢校太保二人、檢校司徒二人、檢校右僕射

5　陳俊達：《遼朝出使高麗使者類型新探》，待刊稿。

一人；聘使（橫宣使、橫賜使、宣賜使）五人，其中檢校太傅二人、檢校司徒一人、檢校司空二人；冊封使四人，其中檢校太傅一人（冊封肅宗、正使）、檢校左散騎常侍二人（冊封高麗王太子正使一人、冊封靖宗傳宣使一人）、檢校右散騎常侍一人（冊封穆宗、正使）；示諭使二人，其中檢校禮部尚書一人、檢校右散騎常侍一人；告哀使二人，其中檢校右僕射一人、檢校右散騎常侍一人；東京使十二人，其中檢校左僕射一人、檢校右僕射二人、檢校工部尚書四人、檢校左散騎常侍三人、檢校右散騎常侍二人。

　　結合遼朝出使高麗使者所帶檢校官與使者出使使命，可將史料中出現的十一階檢校官分為兩個層級。檢校太尉、檢校太傅、檢校太保、檢校司徒、檢校司空為一個層級，遼朝出使高麗的「常使」（賀生辰使與橫宣使），多帶此五種檢校官。檢校左僕射、檢校右僕射、檢校禮部尚書、檢校工部尚書、檢校左散騎常侍、檢校右散騎常侍為另一個層級，遼朝出使高麗的「泛使」，以及東京派往高麗的使者，多帶此六種檢校官。

二　文資官

　　唐代的職事官體系至遼宋時期，發展為遼代的官和宋代的寄祿官，成為官員薪俸級別的標誌。據《宋會要輯稿》兵一七〈歸明〉十二至十三記載，遼朝滅亡時，宋朝將降宋遼官「比換」宋朝寄祿官時，其中涉及遼朝六部尚書以下文資官的規定為：

> 文資偽官：六尚書、尚書左右丞、侍郎、給事中、直學士、諫議大夫、少大監、大卿、少卿、殿少、將作少監、少府少監、左司郎中、郎中、員外郎、檢校常侍、殿丞一等官、洗馬一等

官、司直、秘書郎試評事、校書郎試崇文館校書郎（太子校書郎、正字、文學同），比換朝散大夫、朝奉大夫、朝請郎、朝散郎、朝奉郎、奉議郎、通直郎、宣教郎、承事郎、承奉郎、承務郎、修職郎、迪功郎、將仕郎、文學、助教。[6]

今據王曾瑜、楊軍等先生研究，將遼朝出使高麗使者所帶文資官情況整理如下（詳見表二）：

表二　遼朝出使高麗使者之「文資官」簡表

文資官		出使時間	使者姓名	使命	正使/副使	史料出處
侍郎	尚書禮部侍郎	靖宗九年（1043）	韓紹文	冊封靖宗	副使	卷六〈靖宗世家〉
給事中		顯宗元年（1010）	梁炳	詢問穆宗去世原因	正使	卷四〈顯宗世家一〉
		顯宗元年（1010）	高正	告興師	正使	卷四〈顯宗世家一〉
左、右諫議大夫	左諫議大夫	文宗十九年（1065）	傅平	賀生辰	正使	卷八〈文宗世家二〉
		肅宗三年（1098）	來告符	賀生辰	正使	卷十一〈肅宗世家一〉
	右諫議大夫	文宗十一年（1057）	王宗亮	賀生辰	正使	卷八〈文宗世家二〉
		文宗十七年（1063）	李日肅	賀生辰	正使	卷八〈文宗世家二〉

6　（清）徐松輯，劉琳等校點：《宋會要輯稿》兵一七〈歸明〉（上海市：上海古籍出版社，2014年），頁8960。

文資官		出使時間	使者姓名	使命	正使／副使	史料出處
中書舍人		肅宗七年（1102）	孟初	賀生辰	正使	卷十一〈肅宗世家一〉
直學士	昭文館直學士	肅宗二年（1097）	李湘	冊封肅宗	副使	卷十一〈肅宗世家一〉
諸監	少府監	靖宗五年（1039）	陳邁	賀生辰	正使	卷六〈靖宗世家〉
	殿中監	靖宗九年（1043）	馬至柔	冊封靖宗	押冊使	卷六〈靖宗世家〉
	守殿中監	宣宗三年（1086）	史洵直	賀生辰	正使	卷十〈宣宗世家〉
諸寺大卿	崇祿卿	成宗十三年（西元994年）	蕭述管	齎詔撫諭	正使	卷三〈成宗世家〉
		文宗九年（1055）	陳顗	冊封文宗	副使	卷七〈文宗世家一〉
		文宗二十年（1066）	王去惑	賀生辰	正使	卷八〈文宗世家二〉
		文宗二十八年（1074）	賈詠	賀生辰	正使	卷九〈文宗世家三〉
		文宗三十年（1076）	石宗回	致大行皇后遺留衣物	正使	卷九〈文宗世家三〉
		文宗三十年（1076）	郭善利	賀生辰	正使	卷九〈文宗世家三〉
		文宗三十五年（1081）	楊移孝	賀生辰	正使	卷九〈文宗世家三〉
		宣宗二年（1085）	溫嶠	冊封宣宗	副使	卷十〈宣宗世家〉

文資官		出使時間	使者姓名	使命	正使／副使	史料出處
		宣宗十一年（1094）	郭人文	起復使	正使	卷十〈獻宗世家〉
		肅宗六年（1101）	吳佺	致道宗遺留衣物	正使	卷十一〈肅宗世家一〉
		睿宗三年（1108）	曹勇義	賀生辰	正使	卷十二〈睿宗世家一〉
		睿宗三年（1108）	張揆	落起復使	正使	卷十二〈睿宗世家一〉
		睿宗七年（1112）	楊舉直	起復使	正使	卷十三〈睿宗世家二〉
		睿宗八年（1113）	張如晦	賀生辰	正使	卷十三〈睿宗世家二〉
	衛尉卿	文宗二十四年（1070）	和勖	賀生辰	正使	卷八〈文宗世家二〉
		文宗三十二年（1078）	呂士安	賀生辰	正使	卷九〈文宗世家三〉
		睿宗五年（1110）	李逢辰	賀生辰	正使	卷十三〈睿宗世家二〉
		睿宗九年（1114）	張如晦	賀生辰	正使	卷十三〈睿宗世家二〉
	守衛尉卿	文宗十九年（1065）	麻晏如	冊封高麗王太子	副使	卷八〈文宗世家二〉
		肅宗五年（1100）	高士寧	冊封高麗王太子	副使	卷十一〈肅宗世家一〉
	大理卿	靖宗五年（1039）	韓保衡	冊封靖宗	正使	卷六〈靖宗世家〉

文資官		出使時間	使者姓名	使命	正使／副使	史料出處
		睿宗十一年（1116）	張言中	賀生辰	正使	卷十四〈睿宗世家三〉
	鴻臚卿	肅宗九年（1104）	張織	冊封高麗太子	副使	卷十二〈肅宗世家二〉
	司農卿	文宗十八年（1064）	胡仲	賀生辰	正使	卷八〈文宗世家二〉
	守司農卿	文宗十一年（1057）	柴德滋	冊封高麗王太子	副使	卷八〈文宗世家二〉
	太僕卿	肅宗二年（1097）	李湘	冊封肅宗	副使	卷十一〈肅宗世家一〉
		肅宗五年（1100）	王執中	賀生辰	正使	卷十一〈肅宗世家一〉
諸寺少卿	崇祿少卿	顯宗二十年（1029）	李可封	賀生辰	副使	卷五〈顯宗世家二〉
		文宗二年（1048）	邢彭年	賀生辰	正使	卷七〈文宗世家一〉
	衛尉少卿	靖宗七年（1041）	耿致君	賀生辰	正使	卷六〈靖宗世家〉
		宣宗十一年（1094）	梁祖述	敕祭使	副使	卷十〈獻宗世家〉
	鴻臚少卿	文宗九年（1055）	張嗣復	興宗告哀使	正使	卷七〈文宗世家一〉
	太常少卿	宣宗五年（1088）	鄭碩	賀生辰	正使	卷十〈宣宗世家〉
		睿宗七年（1112）	王佺	敕祭使	副使	卷十三〈睿宗世家二〉

文資官		出使時間	使者姓名	使命	正使／副使	史料出處
	大理少卿	睿宗十年（1115）	孫良謀	督發兵	副使	卷十四〈睿宗世家三〉
秘書少監、殿中少監	秘書少監	肅宗五年（1100）	張臣言	諭冊命元子	正使	卷十一〈肅宗世家一〉
	殿中少監	文宗三年（1049）	馬祐	賀生辰	正使	卷七〈文宗世家一〉
	守殿中少監	文宗元年（1047）	康化成	祭靖宗	副使	卷七〈文宗世家一〉
將作少監		靖宗九年（1043）	徐化洽	冊封靖宗	讀冊	卷六〈靖宗世家〉
尚書諸司郎中	工部郎中	顯宗十年（1019）	高應壽[7]	東京使	正使	卷四〈顯宗世家一〉
		顯宗二十二年（1031）	南承顏	報哀使	正使	卷五〈德宗世家〉
	吏部郎中	靖宗八年（1042）	馮立	賀生辰	正使	卷六〈靖宗世家〉
起居郎		文宗三十三年（1079）	馬高俊	賀生辰	正使	卷九〈文宗世家三〉
起居舍人		靖宗十二年（1046）	周宗白	歸賻	正使	卷七〈文宗世家一〉

7　據《高麗史（第一）》卷4〈顯宗世家一〉記載，顯宗十年（1019）八月，「契丹東京使工部少卿高應壽來。」（朝鮮王朝）鄭麟趾等：《高麗史（第一）》卷4〈顯宗世家一〉，頁62。「工部少卿」應為「工部郎中」之誤。

需要指出的是，楊軍先生認為「判三班院」為遼朝正三品文資官。[8]本文認為，「判三班院」似應為「職」，而非「官」。據《遼史》卷四十五〈百官志一〉記載，三班院「掌左、右、寄班之事」。[9]然王曾瑜先生指出，《遼史》的記載似不可信，遼朝三班院應為類似於宋朝三班院的武官銓選機構。[10]楊軍先生認為「判三班院」為文資官所依據的史料為，乾統元年（1101）《梁援墓誌》記載：「（咸雍）十年，加右諫議大夫。大康元年，提點大理寺……是冬，權諸行宮副部署，兼判三班院。」[11]由《梁援墓誌》記載可知，右諫議大夫的「官」品應等於擔任諸行宮副部署需要的品秩，而高於擔任三班院使需要的品秩，故梁援「權諸行宮副部署，兼判三班院」。「判三班院」應為梁援的實職，而非「官」。

由此可知，《高麗史》卷六〈靖宗世家〉記載，靖宗十一年（1045）六月，「契丹橫宣使、檢校太傅、判三班院事耶律宣來。」[12]耶律宣的結銜中，「檢校太傅」是散官，「判三班院事」是職。由於耶律宣借「檢校太傅」銜，「官」品高於擔任三班院使需要的品秩，故耶律宣同樣「判三班院事」。

由上表可知，遼朝帶文資官出使高麗的五十六位使者中，賀高麗國王生辰使二十七人，其中左右諫議大夫四人、中書舍人一人、諸監二人（少府監一人、守殿中監一人）、諸寺大卿十三人（崇祿卿六人、衛尉卿四人、大理卿一人、司農卿一人、太僕卿一人）、諸寺少

8　楊軍：〈遼朝南面官研究──以碑刻資料為中心〉，《史學集刊》2013年第3期，頁16。

9　（元）脫脫等：《遼史》卷45〈百官志一〉，頁788。《遼史》卷116〈國語解〉同。（頁1697）

10　王曾瑜：〈遼朝官員的實職和虛銜初探〉，王曾瑜：《點滴編》，頁253-254。

11　乾統元年（1101）〈梁援墓誌〉，向南：《遼代石刻文編》，頁520-521。

12　（朝鮮王朝）鄭麟趾等：《高麗史（第一）》卷6〈靖宗世家〉，頁93。

卿四人（崇祿少卿二人、衛尉少卿一人、太常少卿一人）、殿中少監一人、吏部郎中一人、起居郎一人，除崇祿少卿李可封為副使外，其餘皆為正使；冊封使十二人，其中尚書禮部侍郎一人（冊封靖宗、副使）、昭文館直學士一人（冊封肅宗、副使）、殿中監一人（冊封靖宗押冊使）、諸寺大卿八人（崇祿卿二人，皆為冊封高麗國王副使；守衛尉卿二人，皆為冊封高麗王太子副使；大理卿一人，冊封靖宗正使；鴻臚卿一人，冊封高麗太子副使；守司農卿一人，冊封高麗太子副使；太僕卿一人，冊封肅宗副使）、將作少監一人（冊封靖宗讀冊使）；起復使（落起復使）三人，皆帶崇祿卿銜；示諭使五人，其中給事中二人、崇祿卿一人、大理少卿一人、秘書少監一人，除大理少卿孫良謀為副使外，其餘皆為正使；告哀使二人，鴻臚少卿一人、工部郎中一人；遺留使二人，皆帶崇祿卿銜；祭奠弔慰使四人，其中衛尉少卿一人、太常少卿一人、守殿中少監一人（皆為副使）、起居舍人一人（正使）；東京使一人，帶工部郎中銜出使。需要強調的是，其中肅宗二年（1097）十二月，遼道宗派遣耶律思齊、李湘來冊封高麗肅宗時，李湘的結銜為「太僕卿、昭文館直學士」，[13]「太僕卿」與「昭文館直學士」皆為官，可知遼朝兩個文資官虛銜同樣可以疊授。

三　武資官

《宋會要輯稿》兵一七〈歸明〉十二至十三有關遼朝滅亡時，宋朝將降宋遼官「比換」為宋朝寄祿官的規定，其中武資官：

> 武資偽官：金吾衛上將軍、節度使大將軍、節度使留後、觀察

13　（朝鮮王朝）鄭麟趾等：《高麗史（第一）》卷11〈肅宗世家一〉，頁161。

使、觀察留後、遙防、遙團、洛□商三州刺史、禮賓、洛苑、
六宅使、奉宸（諸衛將軍、小將軍同）、禮賓、洛苑、六宅副
使、率府率、〔率〕府副率、左右翊衛校尉、東西頭供奉官、
左右承制、左右（直殿）〔殿直〕（閤門祗候同）、東西班小
底、三六班奉職、在班祗候，比換武功大夫、遙刺武德大夫、
遙刺武德郎、武顯郎、武節郎、武略郎、武經郎、武義郎、武
翼郎、敦武郎、從義郎、忠訓郎、保義郎、承節郎、承信郎、
進武校尉、進義校尉。[14]

今據王曾瑜、楊軍等先生研究，將遼朝出使高麗使者所帶武資官
情況整理如下（詳見表三）：

表三　遼朝出使高麗使者「武資官」簡表

武資官		出使時間	使者姓名	使命	正使／副使	史料出處
諸衛上將軍	上將軍	顯宗十三年（1022）	蕭懷禮	冊封顯宗	正使	卷四〈顯宗世家一〉
	左監門衛上將軍	靖宗九年（1043）	蕭慎微	冊封靖宗	正使	卷六〈靖宗世家〉
	千牛衛上將軍	文宗三年（1049）	蕭惟德	冊封文宗	正使	卷七〈文宗世家一〉
	左領軍衛上將軍	文宗十二年（1058）	蕭侃	致太后遺物	正使	卷八〈文宗世家二〉
	忠正軍節度使	成宗十五年（西元996年）	蕭熟葛	冊封高麗成宗	副使	卷三〈成宗世家〉

武資官		出使時間	使者姓名	使命	正使／副使	史料出處
節度使	忠順軍節度使	文宗元年（1047）	蕭慎微	祭奠高麗靖宗	正使	卷七〈文宗世家一〉
	匡義軍節度使	文宗四年（1050）	蕭質	橫宣使	正使	卷七〈文宗世家一〉
		文宗九年（1055）	耶律革	冊封高麗文宗	正使	卷七〈文宗世家一〉
	天德軍節度使	文宗十一年（1057）	蕭繼從	冊封高麗文宗	正使	卷八〈文宗世家二〉
	寧遠軍節度使	文宗十九年（1065）	耶律寧	冊封高麗文宗	正使	卷八〈文宗世家二〉
	保靜軍節度使	宣宗二年（1085）	蕭璋	冊封高麗宣宗	正使	卷十〈宣宗世家〉
	臨海軍節度使	肅宗二年（1097）	耶律思齊	冊封高麗肅宗	正使	卷十一〈肅宗世家一〉
	安遠軍節度使	肅宗九年（1104）	耶律嘉謨	冊封高麗肅宗	正使	卷十二〈肅宗世家二〉
	清安軍節度使	睿宗三年（1108）	蕭良	冊封高麗睿宗	正使	卷十二〈睿宗世家一〉
諸衛大將軍	千牛衛大將軍	成宗十六年（西元997年）	耶律迪烈	賀生辰	正使	卷三〈穆宗世家〉
		文宗二年（1048）	王澤	致國信	正使	卷七〈文宗世家一〉
	左千牛衛大將軍	靖宗四年（1038）	馬保業	齎詔安撫高麗	正使	卷六〈靖宗世家〉
		文宗十一年（1057）	王守拙	冊封文宗	副使	卷八〈文宗世家二〉

武資官		出使時間	使者姓名	使命	正使／副使	史料出處
	左監門衛大將軍	顯宗四年（1013）	耶律行平	責取興化等六城	正使	卷四〈顯宗世家一〉
	監門衛大將軍	顯宗十六年（1025）	韓杬	賀生辰	正使	卷五〈顯宗世家二〉
		顯宗十七年（1026）	王文簡	賀生辰	正使	卷五〈顯宗世家二〉
	大將軍	顯宗元年（1010）	耶律允	詢問穆宗去世原因	副使	卷四〈顯宗世家一〉
		顯宗二十年（1029）	耶律延寧	聘使	正使	卷五〈顯宗世家二〉
觀察使	夏州觀察使	靖宗六年（1040）	趙安仁	賀生辰	正使	卷六〈靖宗世家〉
	福州管內觀察使	文宗元年（1047）	宋璘	冊封高麗文宗	正使	卷七〈文宗世家一〉
	高州管內觀察使	文宗四年（1050）	蕭玉	賀生辰	正使	卷七〈文宗世家一〉
		文宗十四年（1060）	蕭奧	宣賜使	正使	卷八〈文宗世家二〉
		宣宗二年（1085）	耶律盛	落起復使	正使	卷十〈宣宗世家〉
		宣宗四年（1087）	高惠	賀生辰	正使	卷十〈宣宗世家〉
		宣宗十年（1093）	馮行宗	起復使	正使	卷十〈宣宗世家〉
		肅宗五年（1100）	蕭好古	冊封高麗王太子	正使	卷十一〈肅宗世家一〉

武資官		出使時間	使者姓名	使命	正使／副使	史料出處
		肅宗六年（1101）	高德信	賀生辰	正使	卷十一〈肅宗世家一〉
利州管內觀察使		文宗十一年（1057）	蕭素	冊封高麗王太子	正使	卷八〈文宗世家二〉
		文宗十九年（1065）	耶律迪	冊封高麗王太子	正使	卷八〈文宗世家二〉
		文宗三十五年（1081）	耶律德讓	橫宣使	正使	卷九〈文宗世家三〉
		宣宗七年（1090）	張師說	賀生辰	正使	卷十〈宣宗世家〉
		肅宗九年（1104）	夏資睦	冊封高麗肅宗	副使	卷十二〈肅宗世家二〉
		睿宗十年（1115）	耶律義	督發兵	正使	卷十四〈睿宗世家三〉
永州管內觀察使		文宗十四年（1060）	耶律烈	賀生辰	正使	卷八〈文宗世家二〉
		文宗三十年（1076）	蕭惟康	報哀使	正使	卷九〈文宗世家三〉
		文宗三十四年（1080）	高嗣	賀生辰	正使	卷九〈文宗世家三〉
		文宗三十六年（1082）	李可遂	賀生辰	正使	卷九〈文宗世家三〉
		宣宗六年（1089）	楊璘	賀生辰	正使	卷十〈宣宗世家〉
		宣宗八年（1091）	高崇	賀生辰	正使	卷十〈宣宗世家〉

武資官		出使時間	使者姓名	使命	正使／副使	史料出處
		宣宗十年（1093）	大歸仁	賀生辰	正使	卷十〈宣宗世家〉
		宣宗十一年（1094）	蕭遵烈	敕祭使	正使	卷十〈獻宗世家〉
		睿宗七年（1112）	劉公允	賀生辰	正使	卷十三〈睿宗世家二〉
		睿宗八年（1113）	耶律固	敕祭使	正使	卷十三〈睿宗世家二〉
	泰州管內觀察使	文宗十六年（1062）	高守正	賀生辰	正使	卷八〈文宗世家二〉
		獻宗元年（1095）	劉直	賀生辰	正使	卷十一〈肅宗世家一〉
		肅宗九年（1104）	耶律師傅	冊封高麗太子	正使	卷十二〈肅宗世家二〉
		睿宗六年（1111）	大仲宣	賀生辰	正使	卷十三〈睿宗世家二〉
		睿宗八年（1113）	蕭迪	敕弔使	正使	卷十三〈睿宗世家二〉
	益州管內觀察使	文宗十九年（1065）	丁文通	冊封高麗文宗	副使	卷八〈文宗世家二〉
		文宗二十二年（1068）	魏成	賀生辰	正使	卷八〈文宗世家二〉
		文宗二十九年（1075）	耶律甫	橫宣使	正使	卷九〈文宗世家三〉
		文宗三十二年（1078）	耶律溫	宣賜使	正使	卷九〈文宗世家三〉

武資官		出使時間	使者姓名	使命	正使／副使	史料出處
		宣宗元年（1084）	耶律信	敕祭使	正使	卷十〈宣宗世家〉
		宣宗七年（1090）	耶律利稱	橫宣使	正使	卷十〈宣宗世家〉
		睿宗三年（1108）	李仁洽	冊封高麗睿宗	副使	卷十二〈睿宗世家一〉
	寧州管內觀察使	文宗二十一年（1067）	胡平	賀生辰	正使	卷八〈文宗世家二〉
		肅宗四年（1099）	蕭朗	橫宣使	正使	卷十一〈肅宗世家一〉
	廣州管內觀察使	宣宗元年（1084）	耶律彥	慰問使	正使	卷十〈宣宗世家〉
	安州管內觀察使	宣宗十年（1093）	耶律括	橫宣使	正使	卷十〈宣宗世家〉
	歸州管內觀察使	肅宗七年（1102）	蕭軻	橫宣使	正使	卷十一〈肅宗世家一〉
	觀察使	睿宗十年（1115）	高慶順	賀生辰	正使	卷十四〈睿宗世家三〉
觀察留後	利州管內觀察留後	靖宗九年（1043）	劉日行	冊封靖宗	都部署	卷六〈靖宗世家〉
防禦使	房州防禦使	顯宗十九年（1028）	楊延美	聘使	副使	卷五〈顯宗世家二〉
	秦州防禦使	靖宗六年（1040）	馬世長	橫宣使	正使	卷六〈靖宗世家〉
	廣州防禦使	宣宗十一年（1094）	蕭禠	慰問使	正使	卷十〈獻宗世家〉

武資官		出使時間	使者姓名	使命	正使／副使	史料出處
	海州防禦使	肅宗二年（1097）	耶律括	橫宣使	正使	卷十一〈肅宗世家一〉
刺史	沈州刺史	顯宗十九年（1028）	蕭瓊	賀生辰	正使	卷五〈顯宗世家二〉
	亳州刺史	顯宗十九年（1028）	傅用元	賀生辰	副使	卷五〈顯宗世家二〉
	海北州刺史	顯宗二十年（1029）	張令儀	聘使	副使	卷五〈顯宗世家二〉
	棣州刺史	文宗二年（1048）	高慶善	東京回禮使	正使	卷七〈文宗世家一〉
	恩州刺史	文宗五年（1051）	劉從備	賀生辰	正使	卷七〈文宗世家一〉
	永州刺史	文宗六年（1052）	耶律士清	賀生辰	正使	卷七〈文宗世家一〉
		文宗十年（1056）	蕭惟新	賀生辰	正使	卷七〈文宗世家一〉
		文宗二十六年（1072）	耶律直	行三年一次聘禮	正使	卷九〈文宗世家三〉
	利州刺史	文宗七年（1053）	蕭素	賀生辰	正使	卷七〈文宗世家一〉
		文宗九年（1055）	蕭祿	冊封高麗王太子	正使	卷七〈文宗世家一〉
	益州刺史	文宗八年（1054）	耶律芳	橫宣使	正使	卷七〈文宗世家一〉
		文宗八年（1054）	耶律幹	宣諭使	正使	卷七〈文宗世家一〉

武資官		出使時間	使者姓名	使命	正使／副使	史料出處
		文宗十七年（1063）	蕭格	聘使	正使	卷八〈文宗世家二〉
		文宗二十五年（1071）	高元吉	賀生辰	正使	卷八〈文宗世家二〉
	復州刺史	文宗八年（1054）	耶律新	賀生辰	正使	卷七〈文宗世家一〉
	金州刺史	文宗九年（1055）	耶律長正	賀生辰	正使	卷七〈文宗世家一〉
	泰州刺史	文宗十一年（1057）	耶律宏	橫宣使	正使	卷八〈文宗世家二〉
	筵州刺史	文宗十二年（1058）	郭在貴	賀生辰	正使	卷八〈文宗世家二〉
	寧州刺史	文宗十五年（1061）	蕭述	賀生辰	正使	卷八〈文宗世家二〉
		文宗二十七年（1073）	大澤	賀生辰	正使	卷九〈文宗世家三〉
	歸州刺史	文宗二十年（1066）	耶律賀	橫賜使	正使	卷八〈文宗世家二〉
閤門使	東上閤門使	靖宗四年（1038）	馬保業	齎詔安撫高麗	正使	卷六〈靖宗世家〉
引進使		顯宗元年（1010）	韓杞	告興師	副使	卷四〈顯宗世家一〉
		顯宗三年（1012）	李延弘		正使	卷四〈顯宗世家一〉
禮賓使		文宗十八年（1064）	耶律互	齎詔示諭高麗	正使	卷八〈文宗世家二〉

武資官		出使時間	使者姓名	使命	正使／副使	史料出處
將軍	將軍	顯宗元年（1010）	蕭凝	告親征	正使	卷四〈顯宗世家一〉
		顯宗五年（1014）	李松茂	索還六城	正使	卷四〈顯宗世家一〉
		顯宗六年（1015）	耶律行平	復使高麗索還六城	正使	卷四〈顯宗世家一〉
		顯宗十九年（1028）	耶律素	聘使	正使	卷五〈顯宗世家二〉
		顯宗二十年（1029）	耶律管寧	賀生辰	正使	卷五〈顯宗世家二〉
	監門將軍	顯宗六年（1015）	李松茂	索還六城	正使	卷四〈顯宗世家一〉
	千牛將軍	顯宗二十一年（1030）	羅漢奴	齎詔諭高麗	正使	卷五〈顯宗世家二〉
禮賓副使		宣宗八年（1091）	烏耶呂	東京持禮回謝使	正使	卷十〈宣宗世家〉
		肅宗元年（1096）	高良定	東京持禮使	正使	卷十一〈肅宗世家一〉
		肅宗六年（1101）	高克少	東京持禮使	正使	卷十一〈肅宗世家一〉
		肅宗八年（1103）	高維玉	東京回禮使	正使	卷十二〈肅宗世家二〉
		睿宗七年（1112）	謝善	東京回謝持禮使	正使	卷十三〈睿宗世家二〉
		睿宗十年（1115）	高孝順	東京回謝持禮使	正使	卷十四〈睿宗世家三〉

　　由上表可知，遼朝帶武資官出使高麗的一○九位使者中，除去引進使李延弘使命不詳外，餘下一○八人中，賀高麗國王生辰使三十四人，其中大將軍三人、觀察使十八人、刺史十二人、將軍一人，除亳州刺史傅用元為副使外，其餘皆為正使；聘使（橫宣使、橫賜使、宣賜使）二十人，其中節度使一人、大將軍一人、觀察使八人、防禦使三人、刺史六人、將軍一人，除房州防禦使楊延美、海北州刺史張令儀為副使外，其餘皆為正使；冊封使二十二人，其中諸衛上將軍三人（皆為冊封高麗國王、正使）、節度使八人（皆為冊封高麗國王，正使七人、副使一人）、諸衛大將軍一人（冊封文宗、副使）、觀察使八人（冊封高麗國王，正使一人、副使三人，冊封高麗王太子、正使四人）、觀察留後一人（冊封靖宗使團都部署）、刺史一人（冊封高麗王太子、正使）；起復使（落起復使）二人，皆為觀察使；示諭使十四人，其中諸衛大將軍四人、觀察使一人、刺史一人、東上閣門使一人、引進使一人、禮賓使一人、將軍五人，除大將軍耶律允、引進使韓杞為副使外，其餘皆為正使；告哀使一人，為觀察使；遺留使一人，為左領軍衛上將軍；祭奠弔慰使七人，其中節度使一人、觀察使五人、防禦使一人；東京使七人，其中刺史一人、禮賓副使六人。

　　遼朝出使高麗不同類型使者所帶「武資官」規律較為清晰。遼朝冊封高麗國王的正使多帶諸衛上將軍或節度使銜，副使多帶諸衛大將軍或觀察使銜。冊封高麗王太子的正使多以觀察使充任。遼朝出使高麗的常使（賀高麗國王生辰使、聘使）多以觀察使、防禦使、刺史充任。「觀察使」是遼朝出使高麗使者最常帶的「武資官」。東京使多帶禮賓副使銜出使。

　　需要指出的是，上述遼朝使者出使時所帶節度使、觀察使、防禦使、刺史等，皆為作為虛銜的「武資官」，而非實「職」。以節度使為例，遼使帶虛銜節度使出使高麗分為三種情況。第一種情況為所帶節

度使對應的州（軍）不在遼朝境內，這種情況最容易判斷。如據《高麗史》記載，成宗十五年（西元996年）三月，「契丹遣翰林學士張幹、忠正軍節度使蕭熟葛來冊王」。[15]忠正軍時為宋地，《宋史》卷八十八〈地理志四〉記載：「壽春府，壽春郡，緊，忠正軍節度」。[16]忠正軍為宋朝壽春府軍號，治下蔡，今安徽鳳臺。[17]遼無忠正軍，故《遼史》卷九十六〈耶律撻不也傳〉載：「（撻不也）以平重元之亂，遙授忠正軍節度使」。[18]可知《高麗史》記載蕭熟葛帶「忠正軍節度使」為遙授虛銜無疑。

第二種情況為所帶節度使對應的州（軍）非節鎮（節度州）。如《高麗史》記載，睿宗三年（1108）二月，天祚帝遣「清安軍節度使蕭良、益州管內觀察使李仁洽」冊封高麗睿宗。[19]清安軍不見唐、五代、宋朝史籍記載，在遼朝為南京析津府轄下景州軍號，然景州只是一個刺史州。據《遼史》卷四十〈地理志四〉記載，「景州，清安軍，下，刺史」。[20]由此可知，《高麗史》記載蕭良所帶「清安軍節度使」同樣為虛銜，節度使只是用來表示其級別，對應的州號、軍號並不重要。

第三種情況，節度使對應的州（軍）在遼朝境內，且為節鎮，此時的節度使同樣為虛銜，不能視作實職。如據《高麗史》記載，文宗元年（1047）二月，「契丹遣忠順軍節度使蕭慎微、守殿中少監康化成等來祭靖宗於虞宮。」[21]《遼史》卷四十一〈地理志五〉記載：「蔚

15　（朝鮮王朝）鄭麟趾等：《高麗史（第一）》卷3〈成宗世家〉，頁46。

16　（元）脫脫等：《宋史》卷88〈地理志四〉，頁2182。

17　李昌憲：《中國行政區劃通史・宋西夏卷》（上海市：復旦大學出版社，2017年），頁389。

18　（元）脫脫等：《遼史》卷96〈耶律撻不也傳〉，頁1537-1538。

19　（朝鮮王朝）鄭麟趾等：《高麗史（第一）》卷12〈睿宗世家一〉，頁184。

20　（元）脫脫等：《遼史》卷40〈地理志四〉，頁568。

21　（朝鮮王朝）鄭麟趾等：《高麗史（第一）》卷7〈文宗世家一〉，頁95。

州，忠順軍，上，節度。」[22]然仔細梳理史料可知，遼興宗重熙十六年（1047）時，擔任實職蔚州忠順軍節度使者為夏行美。

　　據《遼史》卷十七〈聖宗紀八〉記載：太平十年（1030）四月，「以耶律行平為廣平軍節度使，夏行美為忠順軍節度使」。[23]卷二十〈興宗紀三〉記載：重熙十七年（1048）八月，「以殿前都點檢耶律義先為行軍都部署，忠順軍節度使夏行美副部署，東北面詳穩耶律尤者為監軍，伐蒲奴里酋陶得里」。[24]卷八十七〈夏行美傳〉：「太平九年，大延琳叛，時行美總渤海軍於保州……明年，擢忠順軍節度使。重熙十七年，遷副部署，從點檢耶律義先討蒲奴里，獲其酋陶得里以歸。」[25]

　　如果僅據《遼史》記載，似乎夏行美於太平十年（1030）至重熙十七年（1048）間一直擔任忠順軍節度使。結合其他材料可知，夏行美於太平十年（1030）至重熙二年（1033）間擔任忠順軍節度使，夏行美之後的繼任者依次為聶宗順[26]、耶律遂忠[27]、楊佶[28]、耶律宗教。由重熙二十二年（1053）〈耶律宗教墓誌〉記載，耶律宗教於重熙十五年（1046）卸任忠順軍節度使[29]，耶律宗教之後，夏行美於重熙十五年（1046）至十七年（1048）間再次擔任忠順軍節度使。

　　由此可知，遼興宗重熙十六年（1047）時，實職忠順軍節度使為夏行美，蕭慎微所帶忠順軍節度使同樣為虛銜，僅用來表示級別。

22　（元）脫脫等：《遼史》卷41〈地理志五〉，頁584。

23　（元）脫脫等：《遼史》卷17〈聖宗紀八〉，頁231。

24　（元）脫脫等：《遼史》卷20〈興宗紀三〉，頁273。

25　（元）脫脫等：《遼史》卷87〈夏行美傳〉，頁1470-1471。

26　重熙二年（1033）〈節度使聶宗順造像題名〉，向南：《遼代石刻文編》，頁197。

27　重熙六年（1037）〈耶律遂忠墓誌〉，向南、張國慶、李宇峰輯注：《遼代石刻文續編》（瀋陽市：遼寧人民出版社，2010年），頁73-74。

28　（元）脫脫等：《遼史》卷18〈興宗紀一〉，頁248。

29　重熙二十二年（1053）〈耶律宗教墓誌〉，向南：《遼代石刻文編》，頁751。

　　除節度使外，遼朝出使高麗使者所帶觀察使、防禦使、刺史，同樣皆為虛銜。最直接的證據為，觀察使、防禦使、刺史對應的州號多為相同者。如利州管內觀察使、利州管內觀察留後、利州刺史，永州管內觀察使、永州刺史，泰州管內觀察使、泰州刺史，益州管內觀察使、益州刺史，寧州管內觀察使、寧州刺史，廣州管內觀察使、廣州防禦使，歸州管內觀察使、歸州刺史。

　　利州，據《遼史》卷三十九〈地理志三〉記載，「利州，中，觀察。本中京阜俗縣。統和二十六年置刺史州，開泰元年升」。[30]開泰元年（1012）以後，利州為觀察州。然重熙二十二年（1053）蕭素[31]、清寧元年（1055）蕭祿[32]以「利州刺史」出使。永州，據《遼史》卷三十七〈地理志一〉記載，「永州，永昌軍，觀察。」[33]然耶律士清[34]、蕭惟新[35]、耶律直[36]以「永州刺史」出使。泰州，據《遼史》卷三十七〈地理志一〉記載，「泰州，德昌軍。節度。」[37]泰州降為觀察州、刺史州為遼末天祚帝時期的情況，[38]然道宗清寧三年（1057），耶律宏以「泰州刺史」出使[39]；清寧八年（1062），高守正以「泰州管內觀察使」出使[40]。廣州，據《遼史》卷三十八〈地理志二〉記載，「廣州，防禦。」[41]廣州為防禦州，然道宗大康十年（1084），耶律彥以

30　（元）脫脫等：《遼史》卷39〈地理志三〉，頁547。

31　（朝鮮王朝）鄭麟趾等：《高麗史（第一）》卷7〈文宗世家一〉，頁105。

32　（朝鮮王朝）鄭麟趾等：《高麗史（第一）》卷7〈文宗世家一〉，頁107。

33　（元）脫脫等：《遼史》卷37〈地理志一〉，頁504。

34　（朝鮮王朝）鄭麟趾等：《高麗史（第一）》卷7〈文宗世家一〉，頁104。

35　（朝鮮王朝）鄭麟趾等：《高麗史（第一）》卷7〈文宗世家一〉，頁110。

36　（朝鮮王朝）鄭麟趾等：《高麗史（第一）》卷9〈文宗世家三〉，頁127。

37　（元）脫脫等：《遼史》卷37〈地理志一〉，頁503。

38　陳俊達：《遼朝節鎮體制研究》（上海市：上海三聯書店，2021年），頁98。

39　（朝鮮王朝）鄭麟趾等：《高麗史（第一）》卷8〈文宗世家二〉，頁113。

40　（朝鮮王朝）鄭麟趾等：《高麗史（第一）》卷8〈文宗世家二〉，頁118。

41　（元）脫脫等：《遼史》卷38〈地理志二〉，頁529。

「廣州管內觀察使」出使高麗。[42]此外，據《遼史》卷三十八〈地理志二〉記載，益州、寧州、歸州[43]皆為觀察州，然而遼使卻帶益州刺史、寧州刺史、歸州刺史出使高麗。

由此可知，與前文所述遼朝將刺史州景州的軍號清安軍與節度使相結合，蕭良帶清安軍節度使出使高麗一樣，節度使、觀察使、防禦使、刺史只是用來表示使者級別的「武資官」，皆為虛銜，無論對應的州號、軍號是否位於遼朝境內，是否真實存在，對應的州號、軍號沒有任何意義。因此，據《高麗史》記載，文宗八年（1054）十月甲辰，「契丹橫宣使、益州刺史耶律芳來」；十一月甲子，「契丹宣諭使、益州刺史耶律幹來」。[44]使者相隔二十日，前後抵達高麗，卻擔任同一州刺史，所帶刺史為虛銜可見一斑。

明白節度使、觀察使、防禦使、刺史皆為「官」而非「職」後，我們再來反觀遼朝出使高麗使者的結銜。如靖宗四年（1038）十月，遼興宗遣馬保業安撫高麗，馬保業的結銜為「東上閤門使、左千牛衛大將軍」，[45]「東上閤門使」與「左千牛衛大將軍」皆為官，遼朝兩個武資官虛銜可以疊授。[46]文宗九年（1055）五月，道宗遣耶律革、陳覬冊封高麗文宗，耶律革的結銜為「匡義軍節度使、饒州刺史、兼御史大夫」，[47]「匡義軍節度使、饒州刺史」是官，匡義軍節度使的完整結銜為「匡義軍節度使、饒州管內觀察處置等使、饒州刺史」，「御史大夫」是憲。文宗十五年（1061）十二月，「契丹遣檢校太傅、寧州

42　（朝鮮王朝）鄭麟趾等：《高麗史（第一）》卷10〈宣宗世家〉，頁142。

43　（元）脫脫等：《遼史》卷38〈地理志二〉，頁533、537、537。

44　（朝鮮王朝）鄭麟趾等：《高麗史（第一）》卷7〈文宗世家一〉，頁106。

45　（朝鮮王朝）鄭麟趾等：《高麗史（第一）》卷6〈靖宗世家〉，頁85。

46　王曾瑜：〈遼朝官員的實職和虛銜初探〉，王曾瑜：《點滴編》，頁252。

47　（朝鮮王朝）鄭麟趾等：《高麗史（第一）》卷7〈文宗世家一〉，頁106。

刺史蕭述來賀生辰」。[48]蕭述的結銜中,「檢校太傅」是散官(檢校官),「寧州刺史」是官。肅宗二年(1097)十二月,道宗派遣耶律思齊、李湘冊封高麗肅宗,耶律思齊的結銜為「臨海軍節度使、檢校太傅、兼御史中丞」,[49]「臨海軍節度使」是官,「檢校太傅」是散官,「御史中丞」是憲。

四 其他結銜

遼朝出使高麗使者除文資官與武資官外,有時亦帶憲銜、職、勳出使。

(一)憲銜

遼憲銜繼承唐、五代制度,一般作為地方官或武將的虛銜。遼朝憲銜分為五階,自高至低依次為:御史大夫、御史中丞、侍御史、殿中侍御史、監察御史。[50]遼朝出使高麗使者中亦有以憲銜(或帶憲銜)出使者(詳見表四):

---

48 (朝鮮王朝)鄭麟趾等:《高麗史(第一)》卷8〈文宗世家二〉,頁117。

49 (朝鮮王朝)鄭麟趾等:《高麗史(第一)》卷11〈肅宗世家一〉,頁161。

50 王曾瑜:〈遼朝官員的實職和虛銜初探〉,王曾瑜:《點滴編》,頁238-239。

表四 遼朝出使高麗使者「憲銜」簡表

憲銜	出使時間	使者姓名	使命	正使／副使	史料出處
御史大夫	成宗十三年（西元994年）	李浣	齎詔撫諭	副使	卷三〈成宗世家〉
	顯宗十二年（1021）	姚居信	聘使	正使	卷四〈顯宗世家一〉
	顯宗十三年（1022）	蕭懷禮	冊封顯宗	正使	卷四〈顯宗世家一〉
	靖宗八年（1042）	王永言	齎詔赴高麗示諭	正使	卷六〈靖宗世家〉
	文宗三年（1049）	王守道	冊封文宗	副使	卷七〈文宗世家一〉
	文宗九年（1055）	耶律革	冊封文宗	正使	卷七〈文宗世家一〉
	宣宗五年（1088）	耶律延壽	橫宣使	正使	卷十〈宣宗世家〉
御史中丞	顯宗四年（1013）	耶律資忠	取六州舊地	正使	卷十五〈聖宗本紀六〉
	文宗二十三年（1069）	高聳	賀生辰	正使	卷八〈文宗世家二〉
	宣宗二年（1085）	李可及	賀生辰	正使	卷十〈宣宗世家〉
	肅宗二年（1097）	耶律思齊	冊封肅宗	正使	卷十一〈肅宗世家一〉
侍御史	靖宗九年（1043）	姚居善	賀生辰	正使	卷六〈靖宗世家〉

　　由上表可知，遼朝出使高麗使者所帶憲銜，除殿中侍御史、監察御史不見於史料記載外，御史大夫、御史中丞、侍御史皆見於遼朝出使高麗使者所帶結銜。

　　憲銜多與其他結銜一起使用，除前文已述耶律革、蕭述、耶律思齊等人的結銜外，又如顯宗十二年（1021）二月，「契丹遣檢校司空、御史大夫姚居信來聘」。[51]姚居信的結銜中，「檢校司空」是散官，「御史大夫」是憲。顯宗十三年（1022）四月，「契丹遣御史大夫、上將軍蕭懷禮等來冊王」。[52]蕭懷禮的結銜中，「御史大夫」是憲，「上將軍」是官。靖宗八年（1042）十一月，「契丹遣檢校禮部尚書兼御史王永言來」。[53]王永言的結銜中，「檢校禮部尚書」是散官，「御史」是憲。也有遼朝使者只記載其憲銜，而不載其其他結銜。如靖宗九年（1043）七月，「契丹遣侍御史姚居善來賀生辰」；[54]文宗二十三年（1069）十二月，「遼遣御史中丞高聳來賀生辰」；[55]宣宗五年（1088）正月，「遼遣橫宣使御史大夫耶律延壽來」。[56]憲銜與文資官、武資官一樣，皆為虛銜，象徵使者級別、身分。

（二）職

　　遼朝出使高麗的使者，以實職出使者較少，僅見十一人（詳見表五）：

51　（朝鮮王朝）鄭麟趾 等：《高麗史（第一）》卷4〈顯宗世家一〉，頁64。

52　（朝鮮王朝）鄭麟趾 等：《高麗史（第一）》卷4〈顯宗世家一〉，頁65。

53　（朝鮮王朝）鄭麟趾 等：《高麗史（第一）》卷6〈靖宗世家〉，頁90。

54　（朝鮮王朝）鄭麟趾 等：《高麗史（第一）》卷6〈靖宗世家〉，頁91。

55　（朝鮮王朝）鄭麟趾 等：《高麗史（第一）》卷8〈文宗世家二〉，頁124。

56　（朝鮮王朝）鄭麟趾 等：《高麗史（第一）》卷10〈宣宗世家〉，頁147。

表五　遼朝出使高麗使者「職」簡表

職		出使時間	使者姓名	使命	正使／副使	史料出處
翰林學士		成宗三年（西元984年）	耶律純	議地界	正使	《星命總括》〈自序〉
		成宗十五年（西元996年）	張幹	冊封成宗	正使	《高麗史》卷三〈成宗世家〉
樞密直學士		顯宗元年（1010）	高正	告興師	正使	《遼史》卷十五〈聖宗本紀六〉
上京副留守		顯宗五年（1014）	耶律資忠	取六州舊地	正使	《遼史》卷十五〈聖宗本紀六〉
東京文籍院少監		顯宗十年（1019）	烏長公		正使	《高麗史》卷四〈顯宗世家一〉
御院判官		顯宗十七年（1026）	耶律骨打	赴高麗請假途	正使	《高麗史》卷五〈顯宗世家二〉
都指揮使	義勇軍都指揮	靖宗四年（1038）	康德寧	東京回禮使	正使	《高麗史》卷六〈靖宗世家〉
	都指揮使	靖宗六年（1040）	高維翰	東京回禮使	正使	《高麗史》卷六〈靖宗世家〉
	忠勇軍都指揮使	文宗四年（1050）	高長安	東京回禮使	正使	《高麗史》卷七〈文宗世家一〉

職	出使時間	使者姓名	使命	正使／副使	史料出處
判三班院事	靖宗十一年（1045）	耶律宣	橫宣使	正使	《高麗史》卷六〈靖宗世家〉
樂院副使	睿宗十五年（1120）	蕭遵禮	請兵	正使	《高麗史》卷十四〈睿宗世家三〉

　　由上表可知，以實職出使高麗的十一位遼朝使者中，常使一人，泛使十人。常使即前文已述，靖宗十一年（1045）六月，「契丹橫宣使、檢校太傅、判三班院事耶律宣來」。[57]耶律宣的結銜中，「檢校太傅」是散官，「判三班院事」是職。泛使十人中，除去東京使四人外，餘下六人皆為遼朝與高麗交聘尚未制度化以及遼末交聘制度崩潰時期派遣的使者。[58]據《遼史》卷十五〈聖宗紀六〉記載，統和二十八年（1010）九月，「遣樞密直學士高正、引進使韓杞宣問高麗王詢」。[59]遼朝派遣高正、韓杞出使高麗，《高麗史》記作顯宗元年（1010）十月，「契丹遣給事中高正、閣門引進使韓杞來告興師」。[60]「樞密直學士」為高正的職，「給事中」為高正的官（文資官）。由於使者的「職」不能清晰體現使者的身分、級別，隨著遼朝與高麗使者

---

57 （朝鮮王朝）鄭麟趾等：《高麗史（第一）》卷6〈靖宗世家〉，頁93。

58 根據遼麗雙方遣使的特點，以高麗是否為遼朝屬國、遼朝與高麗間的使者往來是否制度化等為依據，可將遼麗使者往來劃分為四個時期，即平等往來期（西元922年至西元994年2月）、非制度化遣使期（西元994年2月至1038年8月）、制度化遣使期（1038年8月至1116年4月）、衰落消亡期（1116年4月至1123年8月）。詳見陳俊達：〈遼朝與高麗使者往來分期探賾──兼論東亞封貢體系確立的時間〉，《西北民族大學學報（哲學社會科學版）》2017年第4期，頁99-107。

59 （元）脫脫等：《遼史》卷15〈聖宗紀六〉，頁184。

60 （朝鮮王朝）鄭麟趾等：《高麗史（第一）》卷4〈顯宗世家一〉，頁52。

往來制度化，遼朝出使高麗的使者逐漸以「官」代替「職」，以表示使者身分。

（三）勳

遼朝勳官與唐宋相同，「勳自武騎，至上柱國」[61]，共計十二階。自高至低依次為：上柱國、柱國、上護軍、護軍、上輕車都尉、輕車都尉、上騎都尉、騎都尉、驍騎尉、飛騎尉、雲騎尉、武騎尉。[62]

遼朝出使高麗使者帶勳者見於史料記載僅有一例，據《高麗史》卷七〈文宗世家一〉記載，文宗九年（1055）五月，遼道宗遣耶律革、陳覬冊封文宗，副使陳覬的結銜為「崇祿卿、護軍」。[63]「崇祿卿」為陳覬的官，「護軍」為陳覬的勳。

小結

綜上所述，遼朝出使高麗使者所帶結銜，多為象徵使者身分、級別的虛銜「官」，帶實職出使者極少。由上文歸納可知，遼朝出使高麗使者的職官並非毫無規律，以遼朝出使高麗使團中，正使為節度使或觀察使時，對應副使的職官為例。

遼朝與高麗使者往來尚未制度化時，正使與副使職官的規律性不明顯。如成宗十三年（西元994年），「契丹遣崇祿卿蕭述管、御史大夫李浣等齎詔來撫諭」。[64]「崇祿卿」是官，「御史大夫」是職。成宗十五年（西元996年）三月，「契丹遣翰林學士張幹、忠正軍節度使蕭

---

61 太平三年（1023）〈馮從順墓誌〉，向南：《遼代石刻文編》，頁170。
62 王曾瑜：〈遼朝官員的實職和虛銜初探〉，王曾瑜：《點滴編》，頁229。
63 （朝鮮王朝）鄭麟趾等：《高麗史（第一）》卷7〈文宗世家一〉，頁106。
64 （朝鮮王朝）鄭麟趾等：《高麗史（第一）》卷3〈成宗世家〉，頁46。

熟葛來冊王」。[65]「御史大夫」是職,「忠正軍節度使」是官。正使、副使帶不同性質結銜出使,加之史料記載殘缺,無法進行品級比較。

又如顯宗十九年(1028)三月,「契丹遣將軍耶律素、房州防禦使楊延美等來聘」;七月,「契丹遣沈州刺史蕭瓊、亳州刺史傅用元來賀生辰」。[66]顯宗二十年(1029)四月,「契丹遣大將軍耶律延寧、海北州刺史張令儀來聘」;七月,「契丹遣將軍耶律管寧、崇祿少卿李可封來賀生辰」。[67]雖然正使、副使皆以文資官或武資官出使,但同為聘使,顯宗十九年正使為將軍、副使為防禦使,顯宗二十年正使為大將軍、副使為刺史。賀生辰使亦然,顯宗十九年正使為刺史、副使同為刺史,顯宗二十年正使為將軍、副使為崇祿少卿。仍體現不出規律性。

靖宗四年(1038,遼興宗重熙七年)遼朝與高麗使者往來制度化後,[68]正使與副使的職官亦實現制度化。據《高麗史》記載,最遲至遼道宗朝,當正使為節度使或觀察使時,形成節度使+大將軍/觀察使/諸寺大卿,觀察使+諸寺大卿/諸寺少卿的出使制度。

當正使為節度使時,副使一般為大將軍、觀察使或諸寺大卿。如文宗九年(1055)五月,遼道宗遣「匡義軍節度使、饒州刺史、兼御史大夫」耶律革、「崇祿卿、護軍」陳覬來冊封文宗。[69]宣宗二年(1085)十一月,道宗遣「保靜軍節度使」蕭璋、「崇祿卿」溫嶠冊封宣宗。[70]肅宗二年(1097)十二月,道宗遣「臨海軍節度使、檢校太傅、兼御史中丞」耶律思齊、「太僕卿、昭文館直學士」李湘冊封

65 (朝鮮王朝)鄭麟趾等:《高麗史(第一)》卷3〈成宗世家〉,頁46。

66 (朝鮮王朝)鄭麟趾等:《高麗史(第一)》卷5〈顯宗世家二〉,頁70。

67 (朝鮮王朝)鄭麟趾等:《高麗史(第一)》卷5〈顯宗世家二〉,頁71。

68 陳俊達:〈遼朝與高麗使者往來分期探賾——兼論東亞封貢體系確立的時間〉,《西北民族大學學報(哲學社會科學版)》2017年第4期,頁103。

69 (朝鮮王朝)鄭麟趾等:《高麗史(第一)》卷7〈文宗世家一〉,頁106。

70 (朝鮮王朝)鄭麟趾等:《高麗史(第一)》卷10〈宣宗世家〉,頁143。

蕭宗。[71]又如文宗十一年（1057）三月，道宗遣「天德軍節度使」蕭
繼從、「左千牛衛大將軍」王守拙冊封文宗。[72]再如文宗十九年
（1065）四月，道宗遣「寧遠軍節度使」耶律寧、「益州管內觀察
使」丁文通冊封文宗。[73]肅宗九年（1104）四月，天祚帝遣「安遠軍
節度使」耶律嘉謨、「利州管內觀察使」夏資睦冊封肅宗。[74]睿宗三年
（1108）二月，天祚帝遣「清安軍節度使」蕭良、「益州管內觀察
使」李仁洽冊封睿宗。[75]

　　前文已述，節度使作為正使，主要用於冊封高麗國王。觀察使作
為出使時使用次數最多的武資官，正使為觀察使時，副使一般為諸寺
大卿或諸寺少卿。如文宗十一年（1057）三月，道宗遣「利州管內觀
察使」蕭素、「守司農卿」柴德滋冊封高麗王太子。[76]文宗十九年
（1065）四月，道宗遣「利州管內觀察使」耶律迪、「守衛尉卿」麻
晏如冊封高麗王太子。[77]肅宗五年（1100）十月，道宗遣「高州管內
觀察使」蕭好古、「守衛尉卿」高士寧冊封高麗王太子。[78]肅宗九年
（1104）四月，天祚帝遣「泰州管內觀察使」耶律師傅、「鴻臚卿」
張織冊封高麗王太子。[79]柴德滋「守司農卿」，麻晏如、高士寧「守衛
尉卿」，職事官高於散官者為「守」[80]。柴德滋、麻晏如、高士寧等人

71　（朝鮮王朝）鄭麟趾等：《高麗史（第一）》卷11〈肅宗世家一〉，頁161。

72　（朝鮮王朝）鄭麟趾等：《高麗史（第一）》卷8〈文宗世家二〉，頁111。

73　（朝鮮王朝）鄭麟趾等：《高麗史（第一）》卷8〈文宗世家二〉，頁120。

74　（朝鮮王朝）鄭麟趾等：《高麗史（第一）》卷12〈肅宗世家二〉，頁174。

75　（朝鮮王朝）鄭麟趾等：《高麗史（第一）》卷12〈睿宗世家一〉，頁184。

76　（朝鮮王朝）鄭麟趾等：《高麗史（第一）》卷8〈文宗世家二〉，頁112。

77　（朝鮮王朝）鄭麟趾等：《高麗史（第一）》卷8〈文宗世家二〉，頁121。

78　（朝鮮王朝）鄭麟趾等：《高麗史（第一）》卷11〈肅宗世家一〉，頁165。

79　（朝鮮王朝）鄭麟趾等：《高麗史（第一）》卷12〈肅宗世家二〉，頁174。

80　據《舊唐書》卷42〈職官志一〉記載：「凡九品已上職事，皆帶散位，謂之本品。
　　職事則隨才錄用，或從閑入劇，或去高就卑，遷徙出入，參差不定。散位則一切以

的「職」高於「諸寺大卿」,卻沒有借銜出使,而是以「守司農(衛
尉)卿」出使,可知遼朝最遲至道宗朝,冊封高麗王太子的正使為觀
察使時,副使為諸寺大卿,已成為定制無疑。

　　冊封高麗王太子的正使為觀察使時,副使為諸寺大卿,其他情況
下,副使為諸寺少卿。如宣宗十一年(1094),宣宗去世後,十二
月,道宗派遣敕祭使「永州管內觀察使」蕭遵烈、「衛尉少卿」梁祖
述祭奠宣宗。[81]睿宗八年(1113)正月,天祚帝遣敕祭使「永州管內
觀察使」耶律固、「太常少卿」王佺吊祭睿宗母。[82]睿宗十年(1115)
十一月,天祚帝遣「利州管內觀察使」耶律義、「大理少卿」孫良謀
赴高麗督發兵。[83]可知觀察使作為除冊封高麗王太子以外其他類型使
團的正使時,對應的副使為諸寺少卿。

　　由此可知,遼朝出使高麗使者的職官規律並非無跡可尋,只是限
於《遼史》〈百官志〉記載殘缺,並多有訛誤之處,對還原職官規律造
成不便,加之《高麗史》的記載同樣存在缺陷。如遼朝出使高麗的東
京使,存在帶正二品的檢校尚書左右僕射、檢校六部尚書,帶正三品
的檢校左右散騎常侍,以及帶正七品上的禮賓副使出使的差異。[84]造
成這一差異的原因在於,遼朝東京使的「官」品普遍不高,應為禮賓
副使上下,出使時借銜出使,借正二品或正三品的檢校官出使,《高

　　門蔭結品,然後勞考進敍。《武德令》,職事高者解散官,欠一階不至為兼,職事卑
　　者,不解散官。《貞觀令》,以職事高者為守,職事卑者為行,仍各帶散位。其欠一
　　階,依舊為兼,與當階者,皆解散官。永徽已來,欠一階者,或為兼,或帶散官,
　　或為守,參而用之。其兩職事者亦為兼,頗相錯亂。咸亨二年,始一切為守。」
　　(後晉)劉昫等:《舊唐書》(北京市:中華書局,1975年),頁1785-1786。

81　(朝鮮王朝)鄭麟趾等:《高麗史(第一)》卷10〈獻宗世家〉,頁154。

82　(朝鮮王朝)鄭麟趾等:《高麗史(第一)》卷13〈睿宗世家二〉,頁196。

83　(朝鮮王朝)鄭麟趾等:《高麗史(第一)》卷14〈睿宗世家三〉,頁204。

84　「官」品詳見楊軍:〈遼朝南面官研究──以碑刻資料為中心〉,《史學集刊》2013
　　年第3期,頁16-17。

麗史》僅記載代表其最高身分、級別的結銜，極少記載其完整結銜。

　　據《高麗史》卷八〈文宗世家二〉記載，文宗十八年（1064）十月，「契丹遣檢校右散騎常侍耶律亙來」，耶律亙的「散官」為「檢校右散騎常侍」，然而遼朝詔書中稱「今差禮賓使耶律亙齎詔往彼示諭」，耶律亙的「官」為「禮賓使」，耶律亙的結銜至少應為「禮賓使、檢校右散騎常侍」。[85]參照楊軍先生繪製的《遼朝南面官「官」品表》，右散騎常侍為正三品，禮賓使為從六品上，[86]右散騎常侍「官」品高，故《高麗史》加以記載，幸而遼朝詔書同樣被《高麗史》記載下來，為探討遼朝使者職官提供了一個線索。

85　（朝鮮王朝）鄭麟趾等：《高麗史（第一）》卷8〈文宗世家二〉，頁119。
86　楊軍：〈遼朝南面官研究——以碑刻資料為中心〉，《史學集刊》2013年第3期，頁16。

第六章
試論高麗人的「遼朝觀」

　　高麗人的「遼朝觀」無疑深刻地影響著其對外交往，但對於其如何發展變化，以及如何影響高麗外交政策的制定與實施，學界暫無專文研究。[1]有人認為高麗始終不以遼朝為正統，只是迫於遼朝強大的軍事壓力才俯首稱臣。實際上，高麗人的「遼朝觀」經歷了前期以遼朝為「禽獸」、後期以遼朝為「正統」兩個階段的發展變化。本章擬在先賢有關研究的基礎上，對高麗人「遼朝觀」的發展及轉變過程進行梳理，並探討引起高麗人「遼朝觀」轉變的相關因素，以及轉變後的觀念對後世的影響。不足之處，敬請方家指正。

一　前期高麗人的「遼朝觀」

　　在早期高麗人的觀念中，遼朝是「禽獸之國」、「強惡之國」。這種觀念甚至被高麗太祖寫進留給其子孫的《訓要》中：「惟我東方，舊慕唐風，文物禮樂，悉尊其制……契丹是禽獸之國，風俗不同，言語亦異，衣冠制度，慎勿效焉」；「以強惡之國為鄰，安不可忘危。兵卒宜加護恤，量除徭役，每年秋閱，勇銳出眾者，隨宜加授」[2]。

---

1 有關高麗人中國觀、華夷觀的研究成果目前僅見：朴玉傑：〈高麗人的中國觀〉，浙江大學韓國研究所編：《中韓人文精神》（北京市：學苑出版社，1998年），頁4-9；王民信：〈高麗王朝對遼金元初興時的「拒」與「和」〉，王民信：《王民信高麗史研究論文集》（臺北市：臺大出版中心，2010年），頁63-77；陳俊達：〈試論高麗人的「中國觀」〉，《通化師範學院學報》2014年第3期，頁42-47。

2 （朝鮮王朝）鄭麟趾等：《高麗史（第一）》卷2〈太祖世家二〉，頁26-27。

　　在此觀念的影響下，高麗在立國之初，積極發展與中原漢族政權的關係，先後行後唐、後漢、後周年號，並接受其冊封。即《新五代史》所說「王氏三世，終五代常來朝貢，其立也必請命中國，中國常優答之」[3]。北宋建立後，光宗於應曆十二年（西元962年），即宋朝建國兩年後「遣廣評侍郎李興祐等如宋獻方物」[4]，與宋朝建立了外交關係。並於次年（西元963年）十二月行北宋乾德年號，先後八次接受北宋冊封。相反，高麗排斥或拒絕與遊牧民族出身的契丹遼朝往來。如會同五年（西元942年）高麗太祖「以契丹嘗與渤海連和，忽生疑貳，背盟殄滅，此甚無道，不足遠結為鄰」為由，單方面斷絕與遼朝的使者往來，「遂絕交聘，流其使三十人於海島，繫橐駝萬夫橋下，皆餓死」[5]。同時積極支持中原各政權對抗遼朝，如光宗遣使後周獻「名馬、織成衣襖、弓、劍」[6]，景宗遣使北宋貢「良馬、方物、兵器」[7]，向中原政權提供軍需物資，以支持其對遼朝的戰爭。甚至一度企圖聯合後晉夾擊遼朝。當後晉名僧襪囉雲遊至高麗時，高麗太祖王建對襪囉說：「渤海，我婚姻也，其王為契丹所虜，請與朝廷（指後晉）共擊取之」[8]。即使在統和十二年（西元994年）二月，「始行契丹統和年號」[9]，正式成為遼朝屬國後，這種「遼朝觀」仍未改變。是年，高麗「遣使元郁來（北宋）乞師，愬以契丹寇境」[10]；

3　（宋）歐陽修撰，徐無黨注：《新五代史》卷74〈高麗傳〉（北京市：中華書局，2015年），頁1040。

4　（朝鮮王朝）鄭麟趾等：《高麗史（第一）》卷2〈光宗世家〉，頁32。

5　（朝鮮王朝）鄭麟趾等：《高麗史（第一）》卷2〈太祖世家二〉，頁26。

6　（朝鮮王朝）鄭麟趾等：《高麗史（第一）》卷2〈光宗世家〉，頁31。

7　（元）脫脫等：《宋史》卷487〈高麗傳〉，頁14037。

8　（宋）司馬光編著，（元）胡三省音注：《資治通鑑》卷285〈後晉紀六〉，齊王開運二年（西元945年）十月（北京市：中華書局，2012年），頁9426。

9　（朝鮮王朝）鄭麟趾等：《高麗史（第一）》卷3〈成宗世家〉，頁45。

10　（元）脫脫：《宋史》卷487〈高麗傳〉，頁14042。

統和十七年（西元999年）「遣吏部侍郎朱仁紹如宋，帝特召見仁紹，自陳國人思慕華風，為契丹劫制之狀」[11]。「寇境」、「劫制」等詞，反映出雖然高麗奉遼正朔，但這是在遼朝強大的軍事壓力下的無奈選擇，並非真心歸順。即富弼所說的，此時高麗「不願附契丹而願歸朝廷（北宋）」[12]。因此，在遼麗大規模戰爭期間，高麗於開泰五年（1016）「復行宋大中祥符年號」[13]，開泰七年（1018）「行宋天禧年號」[14]，再次單方面宣布與遼朝斷交，恢復北宋屬國身分。直到太平二年（1022）以後，高麗在多次請求北宋援助無果的情況下，才接受了遼朝屬國的現實。

二　後期高麗人的「遼朝觀」

在後期高麗人的觀念中，遼朝不再是「禽獸之國」，而是高麗的宗主國，是「正統」。這種觀念在高麗給遼朝所上的表、狀中體現的最為明顯。如朴寅亮在〈陳情表〉中寫道：「普天之下既莫非王土王臣，尺地之餘何必曰我疆我理」[15]。在〈上大遼皇帝告奏表〉中寫道：「竊念小國，久奉皇朝，不墜藩禮……臣愛戴聖猷，激昂臣節。庭旅雖薄，誓無闕於梯航。皇華俯來，若親瞻於咫尺……率濱既混，莫非為王土王臣」[16]。在〈入遼乞罷榷場狀〉中寫道：「當國代代忠

11　（朝鮮王朝）鄭麟趾等：《高麗史（第一）》卷3〈穆宗世家〉，頁48。
12　（宋）富弼：〈上仁宗河北守禦十三冊〉，（宋）趙汝愚編，北京大學中國中古史研究中心校點整理：《宋朝諸臣奏議》卷135〈邊防門・遼夏七〉（上海市：上海古籍出版社，1999年），頁1506。
13　（朝鮮王朝）鄭麟趾等：《高麗史（第一）》卷4〈顯宗世家一〉，頁59。
14　（朝鮮王朝）鄭麟趾等：《高麗史（第一）》卷4〈顯宗世家一〉，頁61。
15　（朝鮮王朝）鄭麟趾等：《高麗史（第三）》卷95〈朴寅亮傳〉，頁99。
16　（朝鮮王朝）徐居正：《東文選》卷39〈上大遼皇帝告奏表〉，朝鮮群書大系本，大正三年（1914年），頁289-290。

勤，年年貢覲……今臣肇承先閥，恪守外藩」[17]。崔惟善在〈乞抽毀鴨江城橋弓口狀〉中寫道：「竊念當國，肇自稱藩，勤斯述職」[18]等。

在此觀念的影響下，高麗一方面採取各種措施鞏固與遼朝的宗藩關係，透過奉遼正朔、接受遼朝冊封、對遼朝貢、使者往來等形式[19]，一再向遼朝表示忠誠。甚至在宴請遼朝使者時，高麗宣宗親制〈賀聖朝〉詞來讚美宗主國遼朝[20]。即使當女真人崛起，遼朝瀕於滅亡的前夕，高麗「在陸路交通斷絕的情況下，仍試圖謀求通過海路與遼聯絡」[21]。同時一度甚至試圖派兵援助遼朝抗擊女真人的進攻[22]。

另一方面，高麗與北宋在政治臣屬關係上明確劃清界限。高麗自太平十年（1030）後「絕不通中國者（指北宋）四十三年」[23]。恢復遣使後，高麗對北宋僅限於經濟文化交流，是典型的實利外交。故蘇軾斥責高麗「名為慕義來朝，其實為利」[24]；馬端臨亦認為「高麗之臣事中朝也，蓋欲慕華風而利歲賜耳」[25]。壽昌五年（1099）六月，

---

17 （朝鮮王朝）徐居正：《東文選》卷48〈入遼乞罷榷場狀〉，頁48。

18 （朝鮮王朝）徐居正：《東文選》卷47〈乞抽毀鴨江城橋弓口狀〉，頁44。

19 詳見拙文：陳俊達：《高麗遣使遼朝研究》，長春市：吉林大學碩士學位論文，2016年；陳俊達：〈高麗使遼使者類型及其派遣考論〉，《西北民族大學學報（哲學社會科學版）》2016年第5期，頁79-86。

20 （朝鮮王朝）鄭麟趾等：《高麗史（第一）》卷10〈宣宗世家〉，頁148。

21 付百臣主編：《中朝歷代朝貢制度研究》，頁35。

22 如《高麗史》〈金富佾傳〉記載：「遼將伐女真，遣使來請兵。王會群臣議，皆以為可。」（朝鮮王朝）鄭麟趾等：《高麗史（第三）》卷97〈金富佾傳〉，頁125。

23 （元）脫脫：《宋史》卷487〈高麗傳〉，頁14045。按：實際上應為四十一年，詳見孫建民、顧宏義：〈宋朝高麗交聘考〉，《信陽師範學院學報（哲學社會科學版）》1997年第1期，頁53；楊昭全、何彤梅：《中國—朝鮮·韓國關係史》（天津市：天津人民出版社，2001年），頁235。

24 （宋）李燾：《續資治通鑑長編》卷481，哲宗元祐八年（1093）二月，頁11438。

25 （宋）馬端臨著，上海師範大學古籍研究所、華東師範大學古籍研究所點校：《文獻通考》卷325〈四夷考二〉（北京市：中華書局，2011年），頁8962。

尹瓘等返回高麗，帶回宋哲宗希望高麗「輔我中國，永為東藩」[26]的期許，但高麗肅宗始終未作出反應。乾統十年（1110）六月，宋使傳密諭與高麗睿宗：

> 皇帝明見萬里，諒王忠恪之誠，欲加恩數。聞王已受北朝冊命。南北兩朝，通好百年，義同兄弟，故不復冊王，但令賜詔。已去「權」字，即是寵王以真王之禮。且此詔乃皇帝御筆親製，北朝必無如此禮數。文王、肅王亦不曾有此等恩命。

對此，睿宗在宋使回國時附表以謝：

> 「……迨於臣銜，直去『權』字。所謂冊立之命，正朔之頒，已曾稟受於大遼，不欲別行於上國，以示酌中之義，致寬顧北之憂」。又答密諭曰：「當國介在東表，祖先已來，樂慕風化，有時入貢，優荷寵恩。崇寧中，國信使劉侍郎、吳給事奉聖旨，咨聞行冊禮事。先考以當國地接大遼，久已稟行爵命正朔，所以未敢遵承上命，以實懇辭。舉國惶恐，未之暫安。今聞國信尚書舍人所傳密諭，『皇帝聖明如天日，國王雖在萬里之外，忠孝恭順，皇帝無不鑑炤，常欲優加異恩。某等朝辭日，備聞聖訓，以受大遼冊命。南北兩朝通好百有餘年，義同骨肉兄弟，所以不欲更加封冊』。今來詔書，已去『權』字，即是寵國王以真王之禮。拜命之始，惶駭自失，意欲奉表辭免，更自思惟，皇帝聖恩，委曲存撫，祇去『權』字，以示正名，永除（宋朝永遠放棄）冊立之命，欲使一方無有後慮。今

---

26 （朝鮮王朝）鄭麟趾等：《高麗史（第一）》卷11〈肅宗世家一〉，頁163。

已依詔除『權』。況聞所賜詔書，是御筆親製，此之榮幸，古
未曾有，感戴殊甚」[27]。

由此可知，乾統三年（1103）[28]北宋遣使至高麗「咨聞行冊禮
事」，高麗卻以「地接大遼，久已稟行爵命正朔」為由婉拒。北宋沒
有辦法，於乾統十年（1110）再次遣使，試圖去掉詔書中的「權」
字，其背後的深意仍是希望重新恢復與高麗在政治上的冊封關係。但
是，高麗僅同意除去「權」字，卻要求北宋「永除冊立之命，欲使一
方無有後慮」。可見高麗對於北宋冊封一事，仍是堅決不願接受的。
即使到了保大三年（1123），北宋以「遼命已絕」，再次提出冊封高麗
一事時，高麗仁宗仍以「今憂制未終而遽求大典，於義未安，實增惶
愧」為由推脫，次年遣使北宋時仍未向宋廷請求冊命[29]。北宋只得接
受遼麗間的政治關係，並接受宋麗間在政治上的冊封關係始終無法正
式建立的現實。

三 高麗人「遼朝觀」的轉變時間

關於高麗人「遼朝觀」的轉變時間。由於高麗早期以中原漢族政
權為宗主國，為「正統」，雖一度迫於聖宗征伐而奉遼正朔，但仍心

---

27 （朝鮮王朝）鄭麟趾等：《高麗史（第一）》卷13〈睿宗世家二〉，頁192-193。

28 按：「崇寧中，國信使劉侍郎、吳給事奉聖旨，咨聞行冊禮事」。據《高麗史》記
載，乾統三年（1103）六月「壬子，宋遣國信使戶部侍郎劉逵、給事中吳栻來賜王
衣帶、匹段、金玉器、弓矢、鞍馬等物」，（朝鮮王朝）鄭麟趾等：《高麗史（第
一）》卷12〈肅宗世家二〉，頁172。《宋史》〈高麗傳〉亦載：「崇寧二年（1103），
詔戶部侍郎劉逵、給事中吳栻往使。」（元）脫脫：《宋史》卷487〈高麗傳〉，頁
14049。知出使時間為一一○三年。

29 （朝鮮王朝）鄭麟趾等：《高麗史（第一）》卷15〈仁宗世家一〉，頁220-221。

向北宋。後期才以遼朝為「正統」。因此，高麗人「遼朝觀」的轉變應在遼麗朝貢關係最終確立之前。即只有高麗真正接受遼朝的「正統」地位，高麗對遼朝的朝貢關係才會最終確立。

　　韓國學者徐榮洙曾對「朝貢關係」的確立標誌有明確界定：「以政治臣屬為前提，見於曆法或年號的使用，以象徵和表示從屬關係」[30]。高麗於統和十二年（西元994年）二月，「始行契丹統和年號」[31]，標誌著在政治上臣屬遼朝。但在曆法和年號的使用上，卻直到太平二年（1022）四月「復行契丹年號」[32]後才最終穩定下來。期間高麗曾於開泰三年（1014）十二月、開泰四年（1015）十一月遣使北宋時，請求北宋「降皇帝尊號、正朔」[33]以及「表求賜曆日及尊號」[34]。同時又分別於開泰五年（1016）「復行宋大中祥符年號」[35]，開泰七年（1018）「行宋天禧年號」[36]。但是太平二年（1022）後，上述情況不再出現。景福元年（1031），當遼朝拒絕高麗提出的從保州城撤軍、拆毀鴨綠江浮橋、歸還扣留使者等要求後，高麗於同年十一月「停賀正使，仍用聖宗大（太）平年號」[37]。從仍使用遼朝年號，依然承認是遼朝屬國，僅以不使用新皇帝（遼興宗）的年號來表示對遼朝的抗議，以達到自己的目的來看，此時高麗人的遼朝觀已由此前對抗遼朝轉變為接受遼朝作為宗主國的現實。

30　（韓）徐榮洙：〈四至七世紀韓中朝貢關係考〉，《古代中韓日關係研究》（中古史研討會論文集之一）（香港：香港大學亞洲研究中心，1987年），頁11。

31　（朝鮮王朝）鄭麟趾等：《高麗史（第一）》卷3〈成宗世家〉，頁45。

32　（朝鮮王朝）鄭麟趾等：《高麗史（第一）》卷4〈顯宗世家一〉，頁65。

33　（宋）李燾：《續資治通鑑長編》卷83，真宗大中祥符七年（1014）十二月，頁1906。

34　（宋）李燾：《續資治通鑑長編》卷85，真宗大中祥符八年（1015）十一月，頁1957。

35　（朝鮮王朝）鄭麟趾等：《高麗史（第一）》卷4〈顯宗世家一〉，頁59。

36　（朝鮮王朝）鄭麟趾等：《高麗史（第一）》卷4〈顯宗世家一〉，頁61。

37　（朝鮮王朝）鄭麟趾等：《高麗史（第一）》卷5〈德宗世家〉，頁75。

　　高麗自太平二年（1022）四月「復行契丹年號」後，嚴格遵行遼朝年號，奉遼正朔，即使是給北宋的文書，也一概不使用宋朝年號，而只使用甲子紀年。如《續資治通鑑長編》記載，大安元年（1085）宋朝禮部報告：「高麗國奉慰使與州郡書不稱年號，惟書乙丑年」[38]。甚至出現了高麗宰相監校李子威「入宋表奏，誤書遼年號，宋朝卻其表」的外交事件[39]。

　　由此可知，高麗人的「遼朝觀」最遲在景福元年（1031）發生轉變，這應該也是太平十年（1030）高麗遣使北宋貢方物後「絕不通中國者四十三年」的一個重要原因。

四　高麗人「遼朝觀」的轉變原因

　　導致高麗人「遼朝觀」轉變的原因，分述如後。首先，根本原因是高麗人由來已久的保邦意識。早在遼滅渤海國後，高麗便「舍遼事（後）唐，尊中國而保東土」[40]，與五代政權及北宋通好，皆為了牽制遼朝。而當北宋進行雍熙北伐時，由於高麗意識到遼朝當時絕非「垂亡之虜」，故「遷延不發兵」，直到「國華（北宋使者）諭以威德，王（指高麗成宗）始許發兵西會」[41]。但高麗為了避免遼朝報復，並未協同宋軍作戰。遼麗間大規模戰爭結束後，高麗意識到只有與遼朝保持友好關係，才能保證高麗的國家安全，才能「免邊患」[42]，「蕞爾平壤，邇於大遼，附之則為睦鄰，疏之則為勍敵」[43]。正如蘇軾所

38　（宋）李燾：《續資治通鑑長編》卷361，神宗元豐八年（1085）十一月，頁8648。

39　（朝鮮王朝）鄭麟趾等：《高麗史（第一）》卷10〈宣宗世家〉，頁152。

40　（朝鮮王朝）鄭麟趾等：《高麗史（第一）》〈進高麗史箋〉，頁1。

41　（朝鮮王朝）鄭麟趾等：《高麗史（第一）》卷3〈成宗世家〉，頁38。

42　（元）脫脫等：《宋史》卷328〈安燾傳〉，頁10565。

43　（元）脫脫等：《宋史》卷487〈高麗傳〉，頁14046。

說：「度其（指高麗）本心為契丹用，何也？契丹足以制其死命，而我不能故也」[44]。高麗於太平元年（1021）選擇「與契丹修好」[45]，也是因為多次請求北宋援助無果。同時，清寧四年（1058），針對文宗試圖「於耽羅及靈岩伐材造大船，將通於宋」的想法，高麗內史門下省上言：「國家結好北朝，邊無警急，民樂其生，以此保邦，上策也。昔庚戌之歲，契丹問罪書云：『東結構於女真，西往來於宋國，是欲何謀？』又尚書柳參奉使之日，東京留守問南朝通使之事，似有嫌猜，若泄此事，必生釁隙」[46]。由此可知，高麗在經歷與遼朝長期的戰爭後，把與北朝（遼朝）結好視為「保邦上策」。

　　其次，推動力是巨大的經濟利益。遼朝作為宗主國，對於高麗的朝貢給予的回賜是極其豐厚的。據《契丹國志》記載，遼朝每次的回賜物品有：「犀玉腰帶二條，細衣二襲，金塗鞍轡馬二匹，素鞍轡馬五匹，散馬二十匹，弓箭器仗二副，細綿綺羅綾二百匹，衣著絹一千匹，羊二百口，酒菓子不定數」。賜給高麗貢使的物品為：「金塗銀帶二條，衣二襲，錦綺三十疋，色絹一百匹，鞍轡馬二匹，散馬五匹，弓箭器一副，酒菓不定數」。賜給「上節從人」的物品有：「白銀帶一條，衣一襲，絹二十匹，馬一匹」。賜給「下節從人」的物品有：「衣一襲，絹十匹，紫綾大衫一領」。[47]高麗通過使者往來，在與遼朝進行的「貢賜貿易」中獲取大量回賜，滿足了上層統治者的需求。如遼朝曾分別於大安四年（1088）與大安九年（1093）遣使賜高麗羊。而據《宣和奉使高麗圖經》記載：「國俗有羊豕，非王公貴人不食，細民

44　（宋）李燾：《續資治通鑑長編》卷481，哲宗元祐八年（1093）二月，頁11438。

45　（元）脫脫等：《宋史》卷487〈高麗傳〉，頁14044。

46　（朝鮮王朝）鄭麟趾等：《高麗史（第一）》卷8〈文宗世家二〉，頁115。

47　（宋）葉隆禮撰，賈敬顏、林榮貴點校：《契丹國志》卷21〈外國貢進禮物〉，頁229-230。

多食海品」[48]。可知遼朝作為回賜物品給予的羊，多為高麗貴族階層享用。同時高麗內史門下省認為由於「我國文物禮樂興行已久，商舶絡繹，珍寶日至，其於中國實無所資，如非永絕契丹，不宜通使宋朝」[49]。認為高麗的經濟水準已不遜宋朝，因此為了與北宋通好而得罪遼朝，顯然是不值得的。

最後，遼朝文化的發展也是原因之一。高麗朝著名的史學家金富軾在總結新羅的歷史經驗時曾說：「（新羅）以至誠事中國，梯航朝聘之使，相續不絕。常遣子弟，造朝而宿衛，入學而講習，於以襲聖賢之風化，革洪荒之俗，為禮儀之邦」[50]。高麗以「禮儀之邦」自居，自然瞧不起遊牧民族出身的契丹遼朝。而遼朝建國後積極發展儒學，早在太祖時期，就「建孔子廟，詔皇太子春秋釋奠」[51]，確立了發展儒學的國策。到了道宗時期，道宗認為「上世獯鬻、獫狁蕩無禮法，故謂之夷。吾修文物彬彬，不異中華」[52]。此外遼朝還通過向高麗派遣大量的儒使，不僅促進了遼麗間的文化交流，同時亦改變了高麗對遼朝的認識[53]。

五　高麗人「遼朝觀」轉變的影響

遼朝被金朝滅亡後，高麗仁宗即召集百官商議事金一事。李資

48　（宋）徐兢：《宣和奉使高麗圖經》卷23〈雜俗二〉，頁79。

49　（朝鮮王朝）鄭麟趾等：《高麗史（第一）》卷8〈文宗世家二〉，頁115。

50　（高麗）金富軾撰，楊軍點校：《三國史記》卷12〈敬順王本紀〉（長春市：吉林大學出版社，2015年），頁171。

51　（元）脫脫等：《遼史》卷72〈耶律倍傳〉，頁1333-1334。

52　（宋）洪皓撰、翟立偉標注：《松漠紀聞》（長春市：吉林文史出版社，1986年），頁22。

53　姜維東：〈遼使儒化現象研究〉，《社會科學戰線》2011年第5期，頁85-92。

謙、拓俊京認為：「金昔為小國，事遼及我。今既暴興，滅遼與宋，政修兵強，日以強大，又與我境壤相接，勢不得不事，且以小事大，先王之道，宜先遣使聘問」[54]。仁宗聽從李資謙等建議，於天會四年（1126）四月，遣「鄭應文、李侯如金，稱臣上表」[55]。隨後，於天會七年（1129）十一月，遣「盧令琚、洪若伊如金進誓表」[56]。金朝於天會十四年（1136）正月，正式「頒曆於高麗」[57]。並於皇統二年（1142）正月，「詔加高麗國王王楷開府儀同三司、上柱國」[58]。高麗亦於是年七月，「始行金皇統年號，命有司告於大廟及十二陵」[59]。至此，金麗間在僅發生幾次小規模衝突後，高麗便成為金朝的藩屬國。

故本章最後認為，高麗在立國之初，視契丹人建立的遼朝為「禽獸之國」，持敵視態度。最遲在太平十一年（1031）以後，高麗人的遼朝觀發生轉變，開始將遼朝視為「正統」，接受了遼朝作為高麗宗主國的現實。正是由於高麗逐漸接受了北方少數民族建立的王朝為正統的現實，這就使得高麗在女真人建立金朝後，沒有發生像遼麗間那樣大規模的戰爭，就迅速加入金朝構建的封貢體系之內。

---

54 （朝鮮王朝）鄭麟趾等：《高麗史（第一）》卷15〈仁宗世家一〉，頁222。

55 （朝鮮王朝）鄭麟趾等：《高麗史（第一）》卷15〈仁宗世家一〉，頁223。

56 （朝鮮王朝）鄭麟趾等：《高麗史（第一）》卷16〈仁宗世家二〉，頁236。

57 （元）脫脫等：《金史》卷4〈熙宗紀〉，頁79。

58 （元）脫脫等：《金史》卷60〈交聘表上〉，頁1492。

59 （朝鮮王朝）鄭麟趾等：《高麗史（第一）》卷17〈仁宗世家三〉，頁256。

附錄一
遼朝遣使高麗年表

922年　遼太祖天贊元年，高麗太祖五年

遣使遺橐駝馬及氊，於二月抵達高麗。(《高麗史》卷1〈太祖世家一〉)

937年　遼太宗天顯十二年，高麗太祖二十年

九月，遣使高麗。(《遼史》卷3〈太宗紀上〉)

939年　遼太宗會同二年，高麗太祖二十二年

正月，以受晉冊，遣使報高麗。(《遼史》卷4〈太宗紀上〉)

942年　遼太宗會同五年，高麗太祖二十五年

遣使遺橐駝五十匹，於十月抵達高麗。(《高麗史》卷2〈太祖世家二〉)

984年　遼聖宗統和二年，高麗成宗三年

遣翰林學士耶律純赴高麗議地界。(《星命總括》〈自序〉)

986年　遼聖宗統和四年，高麗成宗五年

遣厥烈赴高麗請和，於正月抵達高麗。(《高麗史》卷3〈成宗世家〉)

993年　遼聖宗統和十一年，高麗成宗十二年

十月，遼軍主帥蕭恆德（遜寧）遣使敦促高麗投降。(《高麗史》卷94〈徐熙傳〉)

994年　遼聖宗統和十二年，高麗成宗十三年

三月，遣崇祿卿蕭述管、御史大夫李浣等齎詔撫諭。(《遼史》卷13〈聖宗紀四〉、《高麗史》卷3〈成宗世家〉)

995年　遼聖宗統和十三年，高麗成宗十四年

十一月，遣翰林學士張幹、忠正軍節度使蕭熟葛冊王治為高麗國王，於次年三月抵達高麗。(《遼史》卷13〈聖宗紀四〉、《高麗史》卷3〈成宗世家〉)

997年　遼聖宗統和十五年，高麗成宗十六年

遣千牛衛大將軍耶律迪烈賀千秋節，於十二月抵達高麗。(《高麗史》卷3〈穆宗世家〉)

十二月，遣使祭高麗王治，詔其姪權知國事。(《遼史》卷13〈聖宗紀四〉)

998年　遼聖宗統和十六年，高麗穆宗元年

十一月，遣使冊高麗國王誦。(《遼史》卷14〈聖宗紀五〉)

999年　遼聖宗統和十七年，高麗穆宗二年

遣右常侍劉績赴高麗，加冊高麗國王尚書令，於十月抵達高麗。(《高麗史》卷3〈穆宗世家〉)

1004年　遼聖宗統和二十二年，高麗穆宗七年

九月，以南伐諭高麗。(《遼史》卷14〈聖宗紀五〉)

1007年　遼聖宗統和二十五年，高麗穆宗十年

遣耶律延貴加冊高麗國王為守義保邦推誠奉聖功臣、開府儀同三司、守尚書令、兼政事令、上柱國，食邑七千戶，食實封七百戶，於二月抵達高麗。(《高麗史》卷3〈穆宗世家〉)

1009年　遼聖宗統和二十七年，高麗穆宗十二年

十二月，皇太后崩，遣使報哀於高麗。(《遼史》卷14〈聖宗紀五〉)

1010年　遼聖宗統和二十八年，高麗顯宗元年

遣給事中梁炳、大將軍耶律允問高麗穆宗去世之故，於七月抵達高麗。(《高麗史》卷4〈顯宗世家一〉)

九月，遣樞密直學士(給事中)高正、(閤門)引進使韓杞宣問高麗王詢，並告興師，於十月抵達高麗。(《遼史》卷15〈聖宗紀六〉、《高麗史》卷4〈顯宗世家一〉)

遣將軍蕭凝告親征，於十一月抵達高麗。(《高麗史》卷4〈顯宗世家一〉)

十一月，遣盧戩及其閤門使馬壽持檄至通州諭降。(《高麗史》卷94〈楊規傳〉)

十二月，遣劉經齎檄至高麗西京諭降。(《高麗史》卷94〈智蔡文傳〉)

1012年　遼聖宗開泰元年，高麗顯宗三年

遣太尉韓邠赴高麗，於閏月抵達。(《高麗史》卷4〈顯宗世家一〉)

遣引進使李延弘赴高麗，於十二月抵達。(《高麗史》卷4〈顯宗世家一〉)

1013年　遼聖宗開泰二年，高麗顯宗四年

遣左監門衛大將軍耶律行平赴高麗，責取興化等六城，於三月抵達。(《高麗史》卷4〈顯宗世家一〉)

遣使告改年號統和為開泰，於五月抵達高麗。(《高麗史》卷4〈顯宗世家一〉)

六月，遣中丞耶律資忠使高麗，取六州舊地。(《遼史》卷15〈聖宗紀六〉)

遣耶律行平復使高麗索還六城，於七月抵達。(《高麗史》卷4〈顯宗世家一〉)

1014年　遼聖宗開泰三年，高麗顯宗五年

二月，遣上京副留守耶律資忠復使高麗取六州舊地。(《遼史》卷15〈聖宗紀六〉)

遣將軍李松茂赴高麗索還六城，於九月抵達。(《高麗史》卷4〈顯宗世家一〉)

1015年　遼聖宗開泰四年，高麗顯宗六年

遣將軍耶律行平復使高麗索還六城，於四月抵達。(《高麗史》卷4〈顯宗世家一〉)

遣監門將軍李松茂赴高麗索還六城，於九月抵達。（《高麗史》卷4〈顯宗世家一〉）

1016年　遼聖宗開泰五年，高麗顯宗七年

遣使高麗，於正月抵達鴨綠江，高麗不納。（《高麗史》卷4〈顯宗世家一〉）

1019年　遼聖宗開泰八年，高麗顯宗十年

遣東京文籍院少監烏長公赴高麗，於五月抵達。（《高麗史》卷4〈顯宗世家一〉）

遣東京使工部少卿高應壽赴高麗，於八月抵達。（《高麗史》卷4〈顯宗世家一〉）

1020年　遼聖宗開泰九年，高麗顯宗十一年

遣檢校司徒韓紹雍赴高麗，於三月抵達。（《高麗史》卷4〈顯宗世家一〉）

五月，遣使釋王詢罪，並允其稱藩納貢之請。（《遼史》卷16〈聖宗紀七〉）

1021年　遼聖宗太平元年，高麗顯宗十二年

遣東京使、左常侍王道沖報高麗，聖宗將受冊禮，於正月抵達。（《高麗史》卷4〈顯宗世家一〉）

遣聘使、檢校司空、御史大夫姚居信赴高麗，於二月抵達。（《高麗史》卷4〈顯宗世家一〉）

遣聘使、東京使、檢校散騎常侍張澄岳赴高麗，於三月抵達。（《高麗史》卷4〈顯宗世家一〉）

1022年　遼聖宗太平二年，高麗顯宗十三年

遣御史大夫、上將軍蕭懷禮等冊高麗國王，於四月抵達。(《高麗史》卷4〈顯宗世家一〉)

遣東京持禮使李克方赴高麗，告知自今春夏季問候使並差一次，與賀千齡、正旦使同行；秋冬季問候使並差一次，與賀太后生辰使同行。於八月抵達。(《高麗史》卷4〈顯宗世家一〉)

遣東京使王守榮赴高麗，於九月抵達。(《高麗史》卷4〈顯宗世家一〉)

遣東京使高張胤赴高麗，於十一月抵達。(《高麗史》卷4〈顯宗世家一〉)

1023年　遼聖宗太平三年，高麗顯宗十四年

遣左散騎常侍武白、耶律克恭等冊高麗太子欽為輔國大將軍、檢校太師、守太保、兼侍中、高麗國公，於四月抵達。(《高麗史》卷5〈顯宗世家二〉)

遣東京持書使盧知祥赴高麗，於五月抵達。(《高麗史》卷5〈顯宗世家二〉)

遣太保黃信赴高麗賀生辰，於七月抵達。(《高麗史》卷5〈顯宗世家二〉)

遣聘使栗守常、東京使高仁壽赴高麗，於閏月相繼抵達。(《高麗史》卷5〈顯宗世家二〉)

1024年　遼聖宗太平四年，高麗顯宗十五年

遣檢校司徒高壽赴高麗賀生辰，於七月抵達。(《高麗史》卷5〈顯宗世家二〉)

遣檢校左僕射李正倫赴高麗，於十月抵達。(《高麗史》卷5〈顯宗世家二〉)

1025年　遼聖宗太平五年，高麗顯宗十六年

遣監門衛大將軍韓杬赴高麗賀生辰，於七月抵達。(《高麗史》卷5〈顯宗世家二〉)

1026年　遼聖宗太平六年，高麗顯宗十七年

遣聘使、太傅李知順赴高麗，於二月抵達。(《高麗史》卷5〈顯宗世家二〉)

遣御院判官耶律骨打赴高麗請假途，將如東北女真，於閏五月抵達，高麗不許。(《高麗史》卷5〈顯宗世家二〉)

遣監門衛大將軍王文簡赴高麗賀生辰，於七月抵達。(《高麗史》卷5〈顯宗世家二〉)

1027年　遼聖宗太平七年，高麗顯宗十八年

遣李正允赴高麗，於正月抵達。(《高麗史》卷5〈顯宗世家二〉)

遣太傅李匡一、耶律胡都袞赴高麗賀生辰，於七月抵達。(《高麗史》卷5〈顯宗世家二〉)

遣東京使高延赴高麗，於八月抵達。(《高麗史》卷5〈顯宗世家二〉)

1028年　遼聖宗太平八年，高麗顯宗十九年

遣聘使、將軍耶律素、房州防禦使楊延美等赴高麗，於三月抵達。(《高麗史》卷5〈顯宗世家二〉)

遣瀋州刺史蕭瓊、亳州刺史傅用元赴高麗賀生辰，於七月抵達。(《高麗史》卷5〈顯宗世家二〉)

1029年　遼聖宗太平九年，高麗顯宗二十年

二月，遣使賜高麗王欽物。(《遼史》卷17〈聖宗紀八〉)
遣聘使、大將軍耶律延寧、海北州刺史張令儀赴高麗，於四月抵達。(《高麗史》卷5〈顯宗世家二〉)
遣將軍耶律管寧、崇祿少卿李可封赴高麗賀生辰，於七月抵達。(《高麗史》卷5〈顯宗世家二〉)

1030年　遼聖宗太平十年，高麗顯宗二十一年

遣千牛將軍羅漢奴齎詔諭高麗，詔曰：「近不差人往還，應為路梗。今渤海偷主俱遭圍閉，並已歸降，宜遣陪臣速來赴國，必無虞慮」。於九月抵達。(《高麗史》卷5〈顯宗世家二〉)

1031年　遼興宗景福元年，高麗顯宗二十二年

六月，聖宗崩，遣報哀使工部郎中南承顏告哀於高麗，於七月抵達。(《遼史》卷18〈興宗紀一〉、《高麗史》卷5〈德宗世家〉)
遣耶律溫德、趙象玄赴高麗賀顯宗生辰，於七月抵達。(《高麗史》卷5〈德宗世家〉)

1032年　遼興宗重熙元年，高麗德宗元年

遣遣留使赴高麗，於正月抵達來遠城，高麗不納。(《高麗史》卷5〈德宗世家〉)

1038年　遼興宗重熙七年，高麗靖宗四年

遣馬保業赴高麗，於正月抵達。(《高麗史》卷6〈靖宗世家〉)

遣東上閤門使、左千牛衛大將軍馬保業齎詔安撫高麗，於十月抵達。(《高麗史》卷6〈靖宗世家〉)

遣東京回禮使、義勇軍都指揮康德寧赴高麗，於十一月抵達。(《高麗史》卷6〈靖宗世家〉)

1039年　遼興宗重熙八年，高麗靖宗五年

遣大理卿韓保衡冊封高麗國王，於四月抵達。(《高麗史》卷6〈靖宗世家〉)

遣少府監陳邁赴高麗賀生辰，於七月抵達。(《高麗史》卷6〈靖宗世家〉)

遣東京回禮使大堅濟等九人赴高麗，於閏月抵達。(《高麗史》卷6〈靖宗世家〉)

1040年　遼興宗重熙九年，高麗靖宗六年

遣橫宣使、秦州防禦使馬世長等赴高麗，於四月抵達。(《高麗史》卷6〈靖宗世家〉)

遣夏州觀察使趙安仁赴高麗賀生辰，於七月抵達。(《高麗史》卷6〈靖宗世家〉)

遣東京回禮使、都指揮使高維翰赴高麗，於九月抵達。(《高麗史》卷6〈靖宗世家〉)

1041年　遼興宗重熙十年，高麗靖宗七年

遣衛尉少卿耿致君赴高麗賀生辰，於七月抵達。(《高麗史》卷6〈靖宗世家〉)

1042年　遼興宗重熙十一年，高麗靖宗八年

遣吏部郎中馮立赴高麗賀生辰，於七月抵達。(《高麗史》卷6〈靖宗世家〉)

遣檢校禮部尚書兼御史王永言齎詔赴高麗示諭，於十一月抵達。(《高麗史》卷6〈靖宗世家〉)

1043年　遼興宗重熙十二年，高麗靖宗九年

遣侍御史姚居善赴高麗賀生辰，於七月抵達。(《高麗史》卷6〈靖宗世家〉)

遣東京回禮使、檢校左僕射張昌齡赴高麗，於十一月抵達。(《高麗史》卷6〈靖宗世家〉)

遣冊封使左監門衛上將軍蕭慎微、使副尚書禮部侍郎韓紹文、都部署利州管內觀察留後劉日行、押冊使殿中監馬至柔、讀冊將作少監徐化洽、傳宣檢校左散騎常侍韓貽孫等一百三十三人冊封高麗國王，於十一月抵達。(《高麗史》卷6〈靖宗世家〉)

1044年　遼興宗重熙十三年，高麗靖宗十年

遣檢校太保劉從政赴高麗賀生辰，於七月抵達。(《高麗史》卷6〈靖宗世家〉)

1045年　遼興宗重熙十四年，高麗靖宗十一年

遣橫宣使、檢校太傅、判三班院事耶律宣赴高麗，於六月抵達。(《高麗史》卷6〈靖宗世家〉)

遣檢校尚書右僕射高惟幾赴高麗賀生辰，於七月抵達。(《高麗史》卷6〈靖宗世家〉)

1046年　遼興宗重熙十五年，高麗靖宗十二年

遣起居舍人周宗白赴高麗歸贈，於十二月抵達。(《高麗史》卷
7〈文宗世家一〉)

1047年　遼興宗重熙十六年，高麗文宗元年

遣忠順軍節度使蕭慎微、守殿中少監康化成等祭靖宗，於二月
抵達。(《高麗史》卷7〈文宗世家一〉)
遣福州管內觀察使宋璘冊封高麗國王，於九月抵達。(《高麗
史》卷7〈文宗世家一〉)

1048年　遼興宗重熙十七年，高麗文宗二年

遣千牛衛大將軍王澤等赴高麗致國信，於閏月抵達。(《高麗
史》卷7〈文宗世家一〉)
遣崇祿少卿邢彭年赴高麗賀生辰，於十一月抵達。(《高麗史》
卷7〈文宗世家一〉)
遣東京回禮使、棣州刺史高慶善赴高麗，於十一月抵達。(《高
麗史》卷7〈文宗世家一〉)

1049年　遼興宗重熙十八年，高麗文宗三年

遣千牛衛上將軍蕭惟德、使副御史大夫王守道冊封高麗國王，
於正月抵達。(《高麗史》卷7〈文宗世家一〉)
遣殿中少監馬祐赴高麗賀生辰，於十二月抵達。(《高麗史》卷
7〈文宗世家一〉)

1050年　遼興宗重熙十九年，高麗文宗四年

遣東京回禮使、忠勇軍都指揮使高長安赴高麗，於九月抵達。
（《高麗史》卷7〈文宗世家一〉）

遣橫宣使、匡義軍節度使蕭質赴高麗，於閏月抵達。（《高麗史》卷7〈文宗世家一〉）

遣高州觀察使蕭玉赴高麗賀生辰，於十二月抵達。（《高麗史》卷7〈文宗世家一〉）

1051年　遼興宗重熙二十年，高麗文宗五年

遣東京回禮使、檢校工部尚書耶律守行赴高麗，於十月抵達。
（《高麗史》卷7〈文宗世家一〉）

遣恩州刺史劉從備赴高麗賀生辰，於十二月抵達。（《高麗史》卷7〈文宗世家一〉）

1052年　遼興宗重熙二十一年，高麗文宗六年

遣永州刺史耶律士清赴高麗賀生辰，於十二月抵達。（《高麗史》卷7〈文宗世家一〉）

1053年　遼興宗重熙二十二年，高麗文宗七年

遣利州刺史蕭素赴高麗賀生辰，於十二月抵達。（《高麗史》卷7〈文宗世家一〉）

1054年　遼興宗重熙二十三年，高麗文宗八年

遣橫宣使、益州刺史耶律芳赴高麗，於十月抵達。（《高麗史》卷7〈文宗世家一〉）

遣宣諭使、益州刺史耶律幹赴高麗，於十一月抵達。（《高麗史》卷7〈文宗世家一〉）

遣復州刺史耶律新赴高麗賀生辰，於十二月抵達。（《高麗史》卷7〈文宗世家一〉）

1055年　遼道宗清寧元年，高麗文宗九年

遣匡義軍節度使、饒州刺史、兼御史大夫耶律革，使副、崇祿卿、護軍陳顗冊封高麗國王，於五月抵達。（《高麗史》卷7〈文宗世家一〉）

遣利州刺史蕭祿冊封高麗王太子，於五月抵達。（《高麗史》卷7〈文宗世家一〉）

八月，興宗崩，遣興宗告哀使、鴻臚少卿張嗣復報哀於高麗，於九月抵達。（《遼史》卷21〈道宗紀一〉、《高麗史》卷7〈文宗世家一〉）

九月，遣使賜高麗興宗遺物。（《遼史》卷21〈道宗紀一〉）

遣東京回禮使、檢校工部尚書耶律道赴高麗，於十一月抵達。（《高麗史》卷7〈文宗世家一〉）

遣金州刺史耶律長正赴高麗賀生辰，於十二月抵達。（《高麗史》卷7〈文宗世家一〉）

1056年　遼道宗清寧二年，高麗文宗十年

遣永州刺史蕭惟新赴高麗賀生辰，於十二月抵達。（《高麗史》卷7〈文宗世家一〉）

1057年　遼道宗清寧三年，高麗文宗十一年

遣天德軍節度使蕭繼從、使副左千牛衛大將軍王守拙冊封高麗

國王，於三月抵達。(《高麗史》卷8〈文宗世家二〉)

遣利州管內觀察使蕭素、使副守司農卿柴德滋冊封高麗王太子，於三月抵達。(《高麗史》卷8〈文宗世家二〉)

遣東京持禮回謝使、檢校工部尚書耶律可行赴高麗，於六月抵達。(《高麗史》卷8〈文宗世家二〉)

遣橫宣使、泰州刺史耶律宏赴高麗，於十月抵達。(《高麗史》卷8〈文宗世家二〉)

遣右諫議大夫王宗亮赴高麗賀生辰，於十二月抵達。(《高麗史》卷8〈文宗世家二〉)

1058年　遼道宗清寧四年，高麗文宗十二年

遣檢校尚書右僕射蕭禧赴高麗告太皇太后喪，於二月抵達。(《遼史》卷115〈高麗傳〉、《高麗史》卷8〈文宗世家二〉)

遣左領軍衛上將軍蕭侃赴高麗致太后遺物，於六月抵達。(《高麗史》卷8〈文宗世家二〉)

遣東京回禮使、檢校左散騎常侍耶律延寧赴高麗，於九月抵達。(《高麗史》卷8〈文宗世家二〉)

遣筵州刺史郭在貴赴高麗賀生辰，於十二月抵達。(《高麗史》卷8〈文宗世家二〉)

1059年　遼道宗清寧五年，高麗文宗十三年

遣東京回謝使、檢校右散騎常侍耶律延寧赴高麗，於九月抵達。(《高麗史》卷8〈文宗世家二〉)

遣檢校司徒耶律德赴高麗賀生辰，於十二月抵達。(《高麗史》卷8〈文宗世家二〉)

1060年　遼道宗清寧六年，高麗文宗十四年

遣宣賜使、高州管內觀察使蕭奧赴高麗，於十一月抵達。(《高麗史》卷8〈文宗世家二〉)

遣永州管內觀察使耶律烈赴高麗賀生辰，於十二月抵達。(《高麗史》卷8〈文宗世家二〉)

1061年　遼道宗清寧七年，高麗文宗十五年

遣東京回禮使、檢校工部尚書蕭㪍思赴高麗，於四月抵達。(《高麗史》卷8〈文宗世家二〉)

遣檢校太傅、寧州刺史蕭述赴高麗賀生辰，於十二月抵達。(《高麗史》卷8〈文宗世家二〉)

1062年　遼道宗清寧八年，高麗文宗十六年

遣東京回禮使、檢校尚書右僕射耶律章赴高麗，於正月抵達。(《高麗史》卷8〈文宗世家二〉)

遣泰州管內觀察使高守正赴高麗賀生辰，於十二月抵達。(《高麗史》卷8〈文宗世家二〉)

1063年　遼道宗清寧九年，高麗文宗十七年

遣使送高麗大藏經，於三月抵達。(《高麗史》卷8〈文宗世家二〉)

遣聘使、益州刺史蕭格赴高麗，於十一月抵達。(《高麗史》卷8〈文宗世家二〉)

遣右諫議大夫李日肅赴高麗賀生辰，於十二月抵達。(《高麗史》卷8〈文宗世家二〉)

1064年　遼道宗清寧十年，高麗文宗十八年

遣禮賓使、檢校右散騎常侍耶律互齎詔示諭高麗，於十月抵達。(《高麗史》卷8〈文宗世家二〉)

遣司農卿胡仲赴高麗賀生辰，於十二月抵達。(《高麗史》卷8〈文宗世家二〉)

1065年　遼道宗咸雍元年，高麗文宗十九年

遣寧遠軍節度使耶律寧、副使益州管內觀察使丁文通等冊封高麗國王，於四月抵達。(《高麗史》卷8〈文宗世家二〉)

遣利州管內觀察使耶律迪、副使守衛尉卿麻晏如等冊封高麗王太子，於四月抵達。(《高麗史》卷8〈文宗世家二〉)

遣左諫議大夫傅平赴高麗賀生辰，於十二月抵達。(《高麗史》卷8〈文宗世家二〉)

1066年　遼道宗咸雍二年，高麗文宗二十年

遣橫賜使、歸州刺史耶律賀赴高麗，於十一月抵達。(《高麗史》卷8〈文宗世家二〉)

遣崇祿卿王去惑赴高麗賀生辰，於十二月抵達。(《高麗史》卷8〈文宗世家二〉)

1067年　遼道宗咸雍三年，高麗文宗二十一年

遣寧州管內觀察使胡平赴高麗賀生辰，於十二月抵達。(《高麗史》卷8〈文宗世家二〉)

1068年　遼道宗咸雍四年，高麗文宗二十二年

遣益州管內觀察使魏成赴高麗賀生辰，於十二月抵達。(《高麗史》卷8〈文宗世家二〉)

1069年　遼道宗咸雍五年，高麗文宗二十三年

遣御史中丞高聳赴高麗賀生辰，於十二月抵達。(《高麗史》卷8〈文宗世家二〉)

遣東京回禮使、檢校右僕射耶律極里哥赴高麗，於十二月抵達。(《高麗史》卷8〈文宗世家二〉)

1070年　遼道宗咸雍六年，高麗文宗二十四年

遣衛尉卿和勖赴高麗賀生辰，於十二月抵達。(《高麗史》卷8〈文宗世家二〉)

1071年　遼道宗咸雍七年，高麗文宗二十五年

遣益州刺史高元吉赴高麗賀生辰，於十二月抵達。(《高麗史》卷8〈文宗世家二〉)

1072年　遼道宗咸雍八年，高麗文宗二十六年

遣永州刺史耶律直赴高麗行三年一次聘禮，於十一月抵達。(《高麗史》卷9〈文宗世家三〉)

遣檢校太尉張日華赴高麗賀生辰，於十二月抵達。(《高麗史》卷9〈文宗世家三〉)

1073年　遼道宗咸雍九年，高麗文宗二十七年

遣寧州刺史大澤赴高麗賀生辰，於十二月抵達。(《高麗史》卷9〈文宗世家三〉)

1074年　遼道宗咸雍十年，高麗文宗二十八年

遣崇祿卿賈詠赴高麗賀生辰，於十二月抵達。(《高麗史》卷9〈文宗世家三〉)

1075年　遼道宗大康元年，高麗文宗二十九年

遣橫宣使、益州管內觀察使耶律甫赴高麗，於十一月抵達。(《高麗史》卷9〈文宗世家三〉)

遣太傅武達赴高麗賀生辰，於十二月抵達。(《高麗史》卷9〈文宗世家三〉)

1076年　遼道宗大康二年，高麗文宗三十年

三月，皇太后崩，遣永州管內觀察使蕭惟康報哀於高麗，於四月抵達。(《遼史》卷23〈道宗紀三〉、《高麗史》卷9〈文宗世家三〉)

遣崇祿卿石宗回赴高麗致大行皇后遺留衣物，於十一月抵達。(《高麗史》卷9〈文宗世家三〉)

遣崇祿卿郭善利赴高麗賀生辰，於十二月抵達。(《高麗史》卷9〈文宗世家三〉)

1077年　遼道宗大康三年，高麗文宗三十一年

遣檢校太傅楊祥吉赴高麗賀生辰，於十二月抵達。(《高麗史》卷9〈文宗世家三〉)

1078年　遼道宗大康四年，高麗文宗三十二年

遣宣賜使、益州管內觀察使耶律溫赴高麗，於十一月抵達。
（《高麗史》卷9〈文宗世家三〉）

遣衛尉卿呂士安赴高麗賀生辰，於十二月抵達。（《高麗史》卷
9〈文宗世家三〉）

1079年　遼道宗大康五年，高麗文宗三十三年

遣起居郎馬高俊赴高麗賀生辰，於十二月抵達。（《高麗史》卷
9〈文宗世家三〉）

1080年　遼道宗大康六年，高麗文宗三十四年

遣永州管內觀察使高嗣赴高麗賀生辰，於十二月抵達。（《高麗
史》卷9〈文宗世家三〉）

1081年　遼道宗大康七年，高麗文宗三十五年

遣橫宣使、利州管內觀察使耶律德讓赴高麗，於十一月抵達。
（《高麗史》卷9〈文宗世家三〉）

遣崇祿卿楊移孝赴高麗賀生辰，於十二月抵達。（《高麗史》卷
9〈文宗世家三〉）

1082年　遼道宗大康八年，高麗文宗三十六年

遣永州管內觀察使李可遂赴高麗賀生辰，於十二月抵達。（《高
麗史》卷9〈文宗世家三〉）

1083年　遼道宗大康九年，高麗順宗元年

九月，命高麗王徽子三韓國公勳權知國事。(《遼史》卷24〈道宗紀四〉)

1084年　遼道宗大康十年，高麗宣宗元年

遣敕祭使、益州管內觀察使耶律信赴高麗祭文宗、順宗，於四月抵達。(《高麗史》卷10〈宣宗世家〉)

遣慰問使、廣州管內觀察使耶律彥赴高麗，於四月抵達。(《高麗史》卷10〈宣宗世家〉)

1085年　遼道宗大安元年，高麗宣宗二年

遣御史中丞李可及赴高麗賀生辰，於九月抵達，不及期，高麗人嘲之曰：「使名可及，何不及耶？」(《高麗史》卷10〈宣宗世家〉)

遣落起復使、高州管內觀察使耶律盛赴高麗，於十一月抵達。(《高麗史》卷10〈宣宗世家〉)

十一月，遣保靜軍節度使蕭璋、崇祿卿溫嶠等冊封三韓國公王勳弟運為高麗國王，於同月抵達高麗。(《遼史》卷24〈道宗紀四〉、《高麗史》卷10〈宣宗世家〉)

1086年　遼道宗大安二年，高麗宣宗三年

遣守殿中監史洵直赴高麗賀生辰，於九月抵達。(《高麗史》卷10〈宣宗世家〉)

1087年　遼道宗大安三年，高麗宣宗四年

遣高州管內觀察使高惠赴高麗賀生辰，於九月抵達。(《高麗史》卷10〈宣宗世家〉)

1088年　遼道宗大安四年，高麗宣宗五年

遣橫宣使、御史大夫耶律延壽赴高麗，於正月抵達。(《高麗史》卷10〈宣宗世家〉)

遣東京回禮使、檢校右散騎常侍高德信赴高麗，於五月抵達。(《高麗史》卷10〈宣宗世家〉)

遣太常少卿鄭碩赴高麗賀生辰，於十月抵達。(《高麗史》卷10〈宣宗世家〉)

是歲，遣使賜高麗羊二千口、車二十三兩、馬三匹。(《高麗史》卷10〈宣宗世家〉)

1089年　遼道宗大安五年，高麗宣宗六年

遣永州管內觀察使楊璘赴高麗賀生辰，於九月抵達。(《高麗史》卷10〈宣宗世家〉)

1090年　遼道宗大安六年，高麗宣宗七年

遣利州管內觀察使張師說等三十一人赴高麗賀生辰，於九月抵達。(《高麗史》卷10〈宣宗世家〉)

遣橫宣使、益州管內觀察使耶律利稱赴高麗，於十二月抵達。(《高麗史》卷10〈宣宗世家〉)

1091年　遼道宗大安七年，高麗宣宗八年

遣東京持禮回謝使、禮賓副使烏耶呂赴高麗，於二月抵達。
（《高麗史》卷10〈宣宗世家〉）

遣永州管內觀察使高崇赴高麗賀生辰，於九月抵達。（《高麗
史》卷10〈宣宗世家〉）

1092年　遼道宗大安八年，高麗宣宗九年

遣東京持禮使高良慶赴高麗，於四月抵達。（《高麗史》卷10
〈宣宗世家〉）

遣王鼎赴高麗賀生辰，於九月抵達。（《高麗史》卷10〈宣宗世
家〉）

1093年　遼道宗大安九年，高麗宣宗十年

遣高州管內觀察使馮行宗命高麗國王起復，於四月抵達。（《高
麗史》卷10〈宣宗世家〉）

七月，遣使賜高麗羊。（《遼史》卷25〈道宗紀五〉）

遣永州管內觀察使大歸仁赴高麗賀生辰，於九月抵達。（《高麗
史》卷10〈宣宗世家〉）

遣橫宣使、安州管內觀察使耶律括赴高麗，於十二月抵達。
（《高麗史》卷10〈宣宗世家〉）

1094年　遼道宗大安十年，高麗宣宗十一年

是夏，高麗國王運薨，子昱遣使來告，即遣使賻贈。（《遼史》
卷25〈道宗紀五〉）

遣敕祭使永州管內觀察使蕭遵烈、副使衛尉少卿梁祖述赴高
麗，於十二月抵達。（《高麗史》卷10〈獻宗世家〉）

遣慰問使、廣州防禦使蕭禧赴高麗，於十二月抵達。(《高麗
史》卷10〈獻宗世家〉)

遣起復使、崇祿卿郭人文赴高麗，於十二月抵達。(《高麗史》
卷10〈獻宗世家〉)

1095年　遼道宗壽昌元年，高麗獻宗元年

遣東京回禮使高遂赴高麗，於五月抵達。(《高麗史》卷10〈獻
宗世家〉)

遣泰州管內觀察使劉直赴高麗賀獻宗生辰，於十一月抵達。
(《高麗史》卷11〈肅宗世家一〉)

1096年　遼道宗壽昌二年，高麗肅宗元年

遣東京持禮使、禮賓副使高良定赴高麗，於五月抵達。(《高麗
史》卷11〈肅宗世家一〉)

遣李惟信赴高麗賀獻宗生辰，於十二月抵達。(《高麗史》卷11
〈肅宗世家一〉)

1097年　遼道宗壽昌三年，高麗肅宗二年

遣橫宣使、海州防禦使耶律括賜高麗獻宗物，於正月抵達。
(《高麗史》卷11〈肅宗世家一〉)

遣臨海軍節度使、檢校太傅、兼御史中丞耶律思齊，使副、太
僕卿、昭文館直學士李湘冊封高麗國王，於十二月抵達。(《高
麗史》卷11〈肅宗世家一〉)

1098年　遼道宗壽昌四年，高麗肅宗三年

遣左諫議大夫來告符赴高麗賀生辰，於十二月抵達。(《高麗
史》卷11〈肅宗世家一〉)

1099年　遼道宗壽昌五年，高麗肅宗四年

遣橫宣使、寧州管內觀察使蕭朗赴高麗，兼賜藏經，於四月抵達。(《高麗史》卷11〈肅宗世家一〉)

遣大淑赴高麗賀生辰，於十二月抵達。(《高麗史》卷11〈肅宗世家一〉)

遣東京持禮回謝使大義赴高麗，於十二月抵達。(《高麗史》卷11〈肅宗世家一〉)

1100年　遼道宗壽昌六年，高麗肅宗五年

遣秘書少監張臣言赴高麗諭冊命元子，於五月抵達。(《高麗史》卷11〈肅宗世家一〉)

遣高州管內觀察使蕭好古、副使守衛尉卿高士寧冊封高麗王太子，於十月抵達。(《遼史》卷26〈道宗紀六〉、《高麗史》卷11〈肅宗世家一〉)

遣太僕卿王執中赴高麗賀生辰，於十二月抵達。(《高麗史》卷11〈肅宗世家一〉)

是歲，遣載奉使王蕘赴高麗。(《高麗史》卷90〈大覺國師煦傳〉、《增補文獻備考》卷172〈交聘考二〉)

1101年　遼天祚帝乾統元年，高麗肅宗六年

遣東京持禮使、禮賓副使高克少赴高麗，於正月抵達。(《高麗史》卷11〈肅宗世家一〉)

正月，道宗崩。二月，遣檢校右散騎常侍耶律轂告哀於高麗，於三月抵達。(《遼史》卷27〈天祚皇帝紀一〉、《高麗史》卷11〈肅宗世家一〉)

遣高州管內觀察使高德信赴高麗賀生辰，於十二月抵達。(《高麗史》卷11〈肅宗世家一〉)

遣崇祿卿吳佺赴高麗致道宗遺留衣物，於十二月抵達。(《高麗史》卷11〈肅宗世家一〉)

1102年　遼天祚帝乾統二年，高麗肅宗七年

遣橫宣使、歸州管內觀察使蕭軻赴高麗，於十二月抵達。(《高麗史》卷11〈肅宗世家一〉)

遣中書舍人孟初赴高麗賀生辰，於十二月抵達。(《高麗史》卷11〈肅宗世家一〉)

1103年　遼天祚帝乾統三年，高麗肅宗八年

遣報冊使邊唐英赴高麗，於六月抵達。(《高麗史》卷12〈肅宗世家二〉)

遣東京回禮使、禮賓副使高維玉等赴高麗，於十月抵達。(《高麗史》卷12〈肅宗世家二〉)

遣烏興慶赴高麗賀生辰，於十二月抵達。(《高麗史》卷12〈肅宗世家二〉)

1104年　遼天祚帝乾統四年，高麗肅宗九年

遣安遠軍節度使耶律嘉謨、副使利州管內觀察使夏資睦冊封高麗國王，於四月抵達。(《高麗史》卷12〈肅宗世家二〉)

遣泰州管內觀察使耶律師傅、副使鴻臚卿張織冊封高麗太子，於四月抵達。(《高麗史》卷12〈肅宗世家二〉)

東京大王耶律淳遣聘使赴高麗，於十月抵達。(《高麗史》卷12〈肅宗世家二〉)

遣馬直溫赴高麗賀生辰，於十二月抵達。(《高麗史》卷12〈肅宗世家二〉)

1106年　遼天祚帝乾統六年，高麗睿宗元年

遣祭奠使耶律演、左企弓赴高麗，於正月抵達。(《高麗史》卷12〈睿宗世家一〉)

遣弔慰使耶律忠、劉企常赴高麗，於正月抵達。(《高麗史》卷12〈睿宗世家一〉)

遣劉鼎臣赴高麗命高麗國王起復，於正月抵達。(《高麗史》卷12〈睿宗世家一〉)

遣橫宣使赴高麗，於二月抵達。(《高麗史》卷12〈睿宗世家一〉)

1107年　遼天祚帝乾統七年，高麗睿宗二年

遣高存壽赴高麗賀生辰，並賜大藏經，於正月抵達。(《高麗史》卷12〈睿宗世家一〉)

1108年　遼天祚帝乾統八年，高麗睿宗三年

遣崇祿卿曹勇義赴高麗賀生辰，於正月抵達。(《高麗史》卷12〈睿宗世家一〉)

遣崇祿卿張揆命高麗國王落起復，於二月抵達。(《高麗史》卷12〈睿宗世家一〉)

遣清安軍節度使蕭良、益州管內觀察使李仁洽等冊封高麗國王，於二月抵達。(《高麗史》卷12〈睿宗世家一〉)

遣橫宣使、檢校司徒耶律寧赴高麗，於十二月抵達。(《高麗史》卷12〈睿宗世家一〉)

1109年　遼天祚帝乾統九年，高麗睿宗四年

遣大永信赴高麗賀生辰，於正月抵達。（《高麗史》卷13〈睿宗世家二〉）

1110年　遼天祚帝乾統十年，高麗睿宗五年

遣衛尉卿李逢辰赴高麗賀生辰，於正月抵達。（《高麗史》卷13〈睿宗世家二〉）

1111年　遼天祚帝天慶元年，高麗睿宗六年

遣泰州管內觀察使大仲宣赴高麗賀生辰，於正月抵達。（《高麗史》卷13〈睿宗世家二〉）

遣橫賜使、檢校司空蕭遵禮赴高麗，於十二月抵達。（《高麗史》卷13〈睿宗世家二〉）

1112年　遼天祚帝天慶二年，高麗睿宗七年

遣永州管內觀察使劉公允赴高麗賀生辰，於正月抵達。（《高麗史》卷13〈睿宗世家二〉）

遣東京回謝持禮使、禮賓副使謝善赴高麗，於正月抵達。（《高麗史》卷13〈睿宗世家二〉）

十月，高麗三韓國公王俁之母死，來告，即遣敕祭使永州管內觀察使耶律固、太常少卿王佺，敕弔使泰州管內觀察使蕭迅，起復使崇祿卿楊舉直赴高麗，於次年正月抵達。（《遼史》卷27〈天祚皇帝紀一〉、《高麗史》卷13〈睿宗世家二〉）

1113年　遼天祚帝天慶三年，高麗睿宗八年

遣崇祿卿張如晦赴高麗賀生辰，於正月抵達。(《高麗史》卷13〈睿宗世家二〉)

1114年　遼天祚帝天慶四年，高麗睿宗九年

遣衛尉卿張如晦赴高麗賀生辰，於正月抵達。(《高麗史》卷13〈睿宗世家二〉)

遣橫宣使耶律諳、副使李碩赴高麗，於十一月抵達。(《高麗史》卷13〈睿宗世家二〉)

遣王儆命高麗國王落起復，於十二月抵達。(《高麗史》卷13〈睿宗世家二〉)

1115年　遼天祚帝天慶五年，高麗睿宗十年

遣觀察使高慶順赴高麗賀生辰，於正月抵達。(《高麗史》卷14〈睿宗世家三〉)

遣使赴高麗請兵，於八月抵達。(《高麗史》卷14〈睿宗世家三〉)

遣利州管內觀察使耶律義、大理少卿孫良謀赴高麗督發兵，於十一月抵達。(《高麗史》卷14〈睿宗世家三〉)

東京留守遣回謝持禮使、禮賓副使高孝順赴高麗，於十二月抵達。(《高麗史》卷14〈睿宗世家三〉)

1116年　遼天祚帝天慶六年，高麗睿宗十一年

遣大理卿張言中赴高麗賀生辰，於正月抵達。(《高麗史》卷14〈睿宗世家三〉)

1119年　遼天祚帝天慶九年，高麗睿宗十四年

遣蕭公聽、耶律遵慶赴高麗促進貢，於八月抵達。(《高麗史》
卷14〈睿宗世家三〉)

1120年　遼天祚帝天慶十年，高麗睿宗十五年

遣樂院副使蕭遵禮赴高麗請兵，於七月抵達。(《高麗史》卷14
〈睿宗世家三〉)

附錄二
高麗遣使遼朝年表

924年　遼太祖天贊三年，高麗太祖七年

遣使遼朝。(《遼史》卷115〈高麗傳〉)

925年　遼太祖天贊四年，高麗太祖八年

遣使遼朝，於十月抵達。(《遼史》卷2〈太祖紀下〉)

926年　遼太祖天顯元年，高麗太祖九年

遣使遼朝，於二月抵達。(《遼史》卷2〈太祖紀下〉)

927年　遼太宗天顯二年，高麗太祖十年

遣使遼朝，於十一月抵達。(《遼史》卷3〈太宗紀上〉、卷115〈高麗傳〉)

993年　遼聖宗統和十一年，高麗成宗十二年

閏十月，遣監察司憲、借禮賓少卿李蒙戩赴契丹軍營請和。(《高麗史》卷3〈成宗世家〉、卷94〈徐熙傳〉)

閏十月，遣和通使、閣門舍人張瑩赴契丹軍營請和。(《高麗史》卷94〈徐熙傳〉)

閏十月，遣中軍使、內史侍郎徐熙奉國書赴契丹軍營請和。(《高麗史》卷3〈成宗世家〉、卷94〈徐熙傳〉)

閏十月，遣禮幣使、侍中朴良柔奉表赴遼請罪，於次年正月抵
達，詔取女真鴨綠江東數百里地賜之。（《遼史》卷13〈聖宗紀
四〉、《高麗史》卷94〈徐熙傳〉）

994年　遼聖宗統和十二年，高麗成宗十三年

遣使遼朝，於二月抵達。（《遼史》卷13〈聖宗紀四〉）

遣使遼朝，請還所俘人畜，於三月抵達，遼聖宗下詔令贖還。
（《遼史》卷13〈聖宗紀四〉）

四月，遣侍中朴良柔奉表赴遼，告行正朔，再次乞還俘口。
（《高麗史》卷3〈成宗世家〉）

遣使遼朝，進妓樂，於十二月抵達，遼朝却之。（《遼史》卷13
〈聖宗紀四〉、《高麗史》卷3〈成宗世家〉）

995年　遼聖宗統和十三年，高麗成宗十四年

二月，遣李周楨赴遼獻方物，於同月抵達。（《遼史》卷13〈聖
宗紀四〉、《高麗史》卷3〈成宗世家〉、《高麗史節要》卷2〈成
宗文懿大王〉、《東國通鑑》卷14〈成宗文懿王〉）

遣使赴遼進鷹，於五月抵達。（《遼史》卷13〈聖宗紀四〉、《高
麗史》卷3〈成宗世家〉）

遣李知白赴遼獻方物，於十月抵達。（《遼史》卷13〈聖宗紀
四〉、《高麗史》卷3〈成宗世家〉）

遣左承宣趙之遴赴遼請婚，於次年三月抵達，遼聖宗許以東京
留守、駙馬蕭恆德女嫁之。（《遼史》卷13〈聖宗紀四〉、《高麗
史》卷3〈成宗世家〉）

996年　遼聖宗統和十四年，高麗成宗十五年

三月，遣韓彥卿赴遼納幣。（《高麗史》卷3〈成宗世家〉）

遣使赴遼問起居，於六月抵達。（《遼史》卷13〈聖宗紀四〉）

997年　遼聖宗統和十五年，高麗成宗十六年

遣韓彥敬奉幣赴遼弔越國公主之喪，於七月抵達。（《遼史》卷
13〈聖宗紀四〉）

十一月，高麗王治薨，姪誦遣閣門使王同穎來告嗣位，於同月
抵達。（《遼史》卷13〈聖宗紀四〉、《高麗史》卷3〈穆宗世
家〉）

1002年　遼聖宗統和二十年，高麗穆宗五年

遣使赴遼賀伐宋捷，於二月抵達。（《遼史》卷14〈聖宗紀
五〉）

遣使赴遼貢本國地里圖，於七月抵達。（《遼史》卷14〈聖宗紀
五〉、卷70〈屬國表〉、卷115〈高麗傳〉）

1005年　遼聖宗統和二十三年，高麗穆宗八年

以遼與宋和，遣使朝賀，於五月抵達。（《遼史》卷14〈聖宗紀
五〉）

1008年　遼聖宗統和二十六年，高麗穆宗十一年

遣使赴遼進文化、武功兩殿龍鬚草地席，於五月抵達。（《遼
史》卷14〈聖宗紀五〉、卷70〈屬國表〉、卷115〈高麗傳〉）

遣使赴遼賀城中京，於五月抵達。（《遼史》卷14〈聖宗紀
五〉、卷115〈高麗傳〉）

1009年　遼聖宗統和二十七年，高麗穆宗十二年

二月，遣司農卿王日敬赴遼，告知穆宗去世，顯宗嗣位。(《高麗史》卷4〈顯宗世家一〉、《高麗史節要》卷2〈穆宗宣讓大王〉、《東國通鑑》卷15〈穆宗宣讓王〉)

四月，遣借工部侍郎李有恆赴遼，賀太后生辰。(《高麗史》卷4〈顯宗世家一〉)

1010年　遼聖宗統和二十八年，高麗顯宗元年

遣魏守愚等赴遼祭承天皇太后，於二月抵達。(《遼史》卷15〈聖宗紀六〉)

遣使赴遼會葬，於三月抵達。(《遼史》卷15〈聖宗紀六〉)

八月，遣內史侍郎平章事陳頔、直中臺尚書右丞尹餘赴遼。(《高麗史》卷4〈顯宗世家一〉)

九月，遣左司員外郎金延保赴遼秋季問候。(《高麗史》卷4〈顯宗世家一〉)

九月，遣左司郎中王佐暹、將作丞白日升赴遼東京修好。(《高麗史》卷4〈顯宗世家一〉)

十月，遣參知政事李禮均（鈞）、右僕射王同穎赴遼請和，於同月抵達，聖宗不許。(《遼史》卷15〈聖宗紀六〉、《高麗史》卷4〈顯宗世家一〉、《高麗史節要》卷3〈顯宗元文大王〉、《東國通鑑》卷15〈顯宗元文王一〉)

十一月，遣起居郎姜周載赴遼賀冬至。(《高麗史》卷4〈顯宗世家一〉)

十一月，遣使赴遼軍軍營上表請朝，遼聖宗許之。(《遼史》卷15〈聖宗紀六〉、《高麗史》卷94〈智蔡文傳〉、《高麗史節要》

卷3〈顯宗元文大王〉、《東國通鑑》卷15〈顯宗元文王一〉）

十二月，遣河拱辰及戶部員外郎高英起奉表赴遼軍軍營，遇遼
軍先鋒，還。（《高麗史》卷4〈顯宗世家一〉、卷94〈河拱辰
傳〉）

1011年　遼聖宗統和二十九年，高麗顯宗二年

正月，遣河拱辰及戶部員外郎高英起奉表赴遼軍軍營請和，遼
聖宗許之，遼軍退。（《高麗史》卷4〈顯宗世家一〉、《高麗
史》卷94〈河拱辰傳〉、《高麗史節要》卷3〈顯宗元文大王〉、
《東國通鑑》卷15〈顯宗元文王一〉）

四月，遣工部郎中王瞻赴遼謝班師。（《高麗史》卷4〈顯宗世
家一〉）

八月，遣戶部侍郎崔元信赴遼。（《高麗史》卷4〈顯宗世家
一〉）

十月，遣都官郎中金崇義赴遼賀冬至。（《高麗史》卷4〈顯宗
世家一〉）

十一月，遣刑部侍郎金殷傅赴遼賀生辰。（《高麗史》卷4〈顯
宗世家一〉）

1012年　遼聖宗開泰元年，高麗顯宗三年

遣蔡忠順赴遼，乞稱臣如舊，於四月抵達，聖宗詔王詢親朝。
（《遼史》卷15〈聖宗紀六〉）

六月，遣刑部侍郎田拱之赴遼，夏季問候，且告王病不能親
朝，於八月抵達。聖宗怒，詔取興化、通州、龍州、鐵州、郭
州、龜州等六州舊地。（《遼史》卷15〈聖宗紀六〉、《高麗史》
卷4〈顯宗世家一〉）

九月，遣西頭供奉官文儒領赴遼來遠城。(《高麗史》卷4〈顯宗世家一〉)

閏十月，遣工部尚書參知政事張瑩、禮部侍郎劉征弼赴遼。(《高麗史》卷4〈顯宗世家一〉)

1013年　遼聖宗開泰二年，高麗顯宗四年

正月，遣禮賓少卿張泊赴遼。(《高麗史》卷4〈顯宗世家一〉)

二月，遣中樞院使蔡忠順赴遼。(《高麗史》卷4〈顯宗世家一〉)

六月，遣借尚書右丞金作賓赴遼，賀改元。(《高麗史》卷4〈顯宗世家一〉)

1014年至1020年　遼聖宗開泰三年至開泰九年，高麗顯宗五年至顯宗十一年

遣金德華、金征祜（金征祐、金佑征）、金得宏赴遼，被留不還。(《高麗史》卷4〈顯宗世家一〉、《高麗史節要》卷3〈顯宗元文大王〉、《東國通鑑》卷16〈顯宗二〉、《增補文獻備考》卷172〈交聘考二〉)

1018年　遼聖宗開泰七年，高麗顯宗九年

十月，遣禮賓少卿元永赴遼請和。(《高麗史》卷4〈顯宗世家一〉)

1019年　遼聖宗開泰八年，高麗顯宗十年

八月，遣考功員外郎李仁澤赴遼東京。(《高麗史》卷4〈顯宗世家一〉)

遣使赴遼乞貢方物，於十二月抵達，遼聖宗詔納之。（《遼史》
卷16〈聖宗紀七〉）

1020年　遼聖宗開泰九年，高麗顯宗十一年

二月，遣李作仁奉表赴遼，請稱藩納貢如故，於五月抵達。
（《高麗史》卷4〈顯宗世家一〉、《遼史》卷16〈聖宗紀七〉）

四月，遣禮部尚書梁積、刑部侍郎韓去華赴遼，告封王子。
（《高麗史》卷4〈顯宗世家一〉）

六月，遣持書使、借司宰少卿盧執中赴遼東京。（《高麗史》卷
4〈顯宗世家一〉）

是歲，遣崔齊顏赴遼，賀千齡節。（《高麗史》卷4〈顯宗世家
一〉）

1021年　遼聖宗太平元年，高麗顯宗十二年

九月，遣中樞使李龔、兵部侍郎柳琮（宗）赴遼，賀聖宗受
冊，於十一月抵達。（《遼史》卷16〈聖宗紀七〉、《高麗史》卷
4〈顯宗世家一〉、《高麗史節要》卷3〈顯宗元文大王〉）

1022年　遼聖宗太平二年，高麗顯宗十三年

二月，遣軍器少監金仁祐（裕）赴遼，春季問候。（《高麗史》
卷4〈顯宗世家一〉、《高麗史節要》卷3〈顯宗元文大王〉）

二月，遣參知政事朴忠淑、國子司業李瓊赴遼。（《高麗史》卷
4〈顯宗世家一〉）

九月，遣都官郎中尹宗元赴遼，賀太后（實為皇后）生辰。
（《高麗史》卷4〈顯宗世家一〉）

九月，遣左散騎常侍郭元、尚書右丞王諝赴遼。（《高麗史》卷
4〈顯宗世家一〉）

1023年　遼聖宗太平三年，高麗顯宗十四年

三月，遣秘書監劉征弼赴遼。(《高麗史》卷5〈顯宗世家二〉、《高麗史節要》卷3〈顯宗元文大王〉)

1028年　遼聖宗太平八年，高麗顯宗十九年

二月，遣禮部員外郎金恕赴遼東京。(《高麗史》卷5〈顯宗世家二〉)

二月，遣太府卿金作賓赴遼。(《高麗史》卷5〈顯宗世家二〉)

九月，遣左司郎中林福赴遼賀皇后生辰。(《高麗史》卷5〈顯宗世家二〉)

十月，遣尚書右丞鄭莊赴遼謝恩。(《高麗史》卷5〈顯宗世家二〉)

十一月，遣太僕卿王希傑、殿中侍御史李惟亮赴遼賀生辰。(《高麗史》卷5〈顯宗世家二〉、《高麗史節要》卷3〈顯宗元文大王〉)

1030年　遼聖宗太平十年，高麗顯宗二十一年

九月，遣金恕赴遼，賀收復東京。(《高麗史》卷5〈顯宗世家二〉)

遣李守和赴遼獻方物。(《高麗史》卷6〈靖宗世家〉)

1031年　遼興宗景福元年，高麗顯宗二十二年

五月，高麗顯宗王詢薨，遣蔡忠顯赴遼告哀。(《高麗史》卷6〈靖宗世家〉)

遣使赴遼，弔慰聖宗去世，於七月抵達。(《遼史》卷18〈興宗紀一〉)

十月，遣工部郎中柳喬赴遼會葬，於十一月抵達。（《遼史》卷
18〈興宗紀一〉、《高麗史》卷5〈德宗世家〉）

十月，遣郎中金行恭赴遼賀即位，並上表請毀鴨綠江城橋，歸
高麗被留行人。（《高麗史》卷5〈德宗世家〉）

1037年　遼興宗重熙六年，高麗靖宗三年

十二月，遣殿中少監崔延嘏赴遼告奏。（《高麗史》卷6〈靖宗
世家〉）

1038年　遼興宗重熙七年，高麗靖宗四年

遣使赴遼，於二月抵達。（《遼史》卷18〈興宗紀一〉）

四月，遣尚書左丞金元沖赴遼，起居謝恩，仍請年號。（《高麗
史》卷6〈靖宗世家〉）

八月，遣持禮使、閤門祗候金華彥赴遼東京。（《高麗史》卷6
〈靖宗世家〉）

十一月，遣崔忠恭赴遼，賀永壽節，仍賀正。（《高麗史》卷6
〈靖宗世家〉）

1039年　遼興宗重熙八年，高麗靖宗五年

二月，遣殿中監李成功赴遼獻方物。（《高麗史》卷6〈靖宗世
家〉）

二月，遣戶部郎中庾先赴遼謝安撫，仍請罷鴨綠江東加築城
堡。（《高麗史》卷6〈靖宗世家〉）

七月，遣右散騎常侍林維幹赴遼，謝冊封。（《高麗史》卷6
〈靖宗世家〉）

十二月，遣戶部侍郎宋融赴遼，賀永壽節兼賀正。（《高麗史》
卷6〈靖宗世家〉）

1040年　遼興宗重熙九年，高麗靖宗六年

正月，遣右散騎常侍秦玄錫赴遼，獻方物。(《高麗史》卷6〈靖宗世家〉)

六月，遣尚書右丞柳伯仁赴遼謝恩。(《高麗史》卷6〈靖宗世家〉)

八月，遣工部侍郎庾昌赴遼，賀皇太后生日。(《高麗史》卷6〈靖宗世家〉)

十一月，遣工部侍郎李仁靜赴遼，賀永壽節兼賀正。(《高麗史》卷6〈靖宗世家〉)

1041年　遼興宗重熙十年，高麗靖宗七年

是歲，遣翰林學士承旨朴有仁、右丞李惟亮赴遼，賀冊禮。(《高麗史》卷6〈靖宗世家〉、《高麗史節要》卷4〈靖宗容惠大王〉、《東國通鑑》卷16〈靖宗容惠王〉)

是歲，遣判衛尉事柳參赴遼，獻方物。(《高麗史》卷6〈靖宗世家〉、《高麗史節要》卷4〈靖宗容惠大王〉、《東國通鑑》卷16〈靖宗容惠王〉)

1043年　遼興宗重熙十二年，高麗靖宗九年

遣使赴遼，賀興宗加上尊號，於三月抵達。(《遼史》卷19〈興宗紀二〉)

1044年　遼興宗重熙十三年，高麗靖宗十年

遣使赴遼，於三月抵達。(《遼史》卷19〈興宗紀二〉)

遣使赴遼，於六月抵達。(《遼史》卷19〈興宗紀二〉)

七月，遣右僕射李瓛、尚舍奉御崔希正赴遼，謝封冊。(《高麗史》卷6〈靖宗世家〉)

遣使赴遼，於十二月抵達。(《遼史》卷19〈興宗紀二〉)

1045年　遼興宗重熙十四年，高麗靖宗十一年

遣使赴遼，於四月抵達。(《遼史》卷19〈興宗紀二〉、卷70〈屬國表〉)

1046年　遼興宗重熙十五年，高麗靖宗十二年

遣使遼朝，於三月抵達。(《遼史》卷19〈興宗紀二〉)

五月，靖宗王亨薨。六月，遣尚書工部郎中崔爰俊赴遼告哀，於八月抵達。(《遼史》卷19〈興宗紀二〉、《高麗史》卷7〈文宗世家一〉)

1047年　遼興宗重熙十六年，高麗文宗元年

遣使遼朝，於十二月抵達。(《遼史》卷20〈興宗紀三〉)

1048年　遼興宗重熙十七年，高麗文宗二年

遣使遼朝，於四月抵達。(《遼史》卷20〈興宗紀三〉)

1050年　遼興宗重熙十九年，高麗文宗四年

遣使遼朝，於四月抵達。(《遼史》卷20〈興宗紀三〉)

遣使遼朝，賀伐夏捷，於六月抵達。(《遼史》卷20〈興宗紀三〉)

1053年　遼興宗重熙二十二年，高麗文宗七年

遣使遼朝，於六月抵達。(《遼史》卷20〈興宗紀三〉)

1054年　遼興宗重熙二十三年，高麗文宗八年

遣使遼朝，於四月抵達。(《遼史》卷20〈興宗紀三〉)

四月，遣給事中金良贄赴遼，告立太子，並請冊封，於六月抵達，遼興宗詔加檢校太尉。(《遼史》卷20〈興宗紀三〉、《高麗史》卷7〈文宗世家一〉)

1055年　遼道宗清寧元年，高麗文宗九年

遣生辰回謝使、戶部侍郎崔宗弼赴遼。(《高麗史》卷7〈文宗世家一〉)

八月己丑，遼興宗崩。九月，遣知中樞院事崔惟善、工部侍郎李得路赴遼，弔喪會葬，於十一月抵達。(《遼史》卷21〈道宗紀一〉、《高麗史》卷7〈文宗世家一〉)

1056年　遼道宗清寧二年，高麗文宗十年

遣使遼朝，於六月抵達。(《遼史》卷21〈道宗紀一〉)

1057年　遼道宗清寧三年，高麗文宗十一年

九月，遣王夷甫、崔爰俊赴遼，謝賜冊命，於十一月抵達。(《遼史》卷21〈道宗紀一〉、《高麗史》卷8〈文宗世家二〉)

十二月，遣尚書戶部侍郎安民甫赴遼，賀太皇太后生辰。(《高麗史》卷8〈文宗世家二〉)

十二月，遣尚書工部侍郎崔繼遊赴遼，賀天安節。(《高麗史》卷8〈文宗世家二〉)

1058年　遼道宗清寧四年，高麗文宗十二年

遣使赴遼會葬，於五月抵達。(《遼史》卷21〈道宗紀一〉)

1059年　遼道宗清寧五年，高麗文宗十三年

二月，遣告奏使、尚書工部員外郎崔奭珍赴遼。(《高麗史》卷8〈文宗世家二〉)

1065年　遼道宗咸雍元年，高麗文宗十九年

八月，遣尚書右僕射金良贄、殿中少監徐靖赴遼，謝冊命。(《高麗史》卷8〈文宗世家二〉)

九月，遣禮部尚書崔尚、將作少監金成漸赴遼，謝太子冊命。(《高麗史》卷8〈文宗世家二〉)

1066年　遼道宗咸雍二年，高麗文宗二十年

四月，遣司宰卿高復昌赴遼，賀改國號。(《高麗史》卷8〈文宗世家二〉)

1071年　遼道宗咸雍七年，高麗文宗二十五年

遣使遼朝，於十一月抵達。(《遼史》卷22〈道宗紀二〉)

1072年　遼道宗咸雍八年，高麗文宗二十六年

遣使遼朝，於六月抵達。(《遼史》卷23〈道宗紀三〉)

1073年　遼道宗咸雍九年，高麗文宗二十七年

遣使遼朝，於十二月抵達。(《遼史》卷23〈道宗紀三〉)

1074年　遼道宗咸雍十年，高麗文宗二十八年

遣使遼朝，於十一月抵達。(《遼史》卷23〈道宗紀三〉)

1075年　遼道宗大康元年，高麗文宗二十九年

四月，遣刑部侍郎崔奭赴遼，賀天安節。(《高麗史》卷9〈文宗世家三〉)

四月，遣殿中內給事全咸正赴遼，賀坤寧節。(《高麗史》卷9〈文宗世家三〉)

四月，遣都官員外郎趙惟阜赴遼賀正。(《高麗史》卷9〈文宗世家三〉)

四月，遣殿中侍御史許忠赴遼，進方物。(《高麗史》卷9〈文宗世家三〉)

是歲，遣使赴遼請罷鴨綠江船橋。(《高麗史》卷95〈朴寅亮傳〉)

1076年　遼道宗大康二年，高麗文宗三十年

三月，遼皇太后崩。四月，遣戶部尚書王錫、刑部侍郎李子威赴遼，奉慰會葬，於六月抵達。(《遼史》卷23〈道宗紀三〉、《高麗史》卷9〈文宗世家三〉)

八月，有司奏：北朝於定戎鎮關外設置庵子，請遣使告奏毀撤。從之，遣告奏使赴遼。(《高麗史》卷9〈文宗世家三〉)

1078年　遼道宗大康四年，高麗文宗三十二年

遣使遼朝，乞賜鴨綠江以東地，於四月抵達。遼朝不許。(《遼史》卷23〈道宗紀三〉)

1081年　遼道宗大康七年，高麗文宗三十五年

五月，遣閤門引進使高夢臣赴遼賀天安節，於十一月抵達。（《遼史》卷24〈道宗紀四〉、《高麗史》卷9〈文宗世家三〉）

五月，遣右補闕魏絳赴遼謝宣賜生辰，於十一月抵達。（《遼史》卷24〈道宗紀四〉、《高麗史》卷9〈文宗世家三〉）

五月，遣戶部郎中河忠濟赴遼進方物，於十一月抵達。（《遼史》卷24〈道宗紀四〉、《高麗史》卷9〈文宗世家三〉）

五月，遣閤門祗候崔周砥赴遼賀正，於十一月抵達。（《遼史》卷24〈道宗紀四〉、《高麗史》卷9〈文宗世家三〉）

1083年　遼道宗大康九年，高麗文宗三十七年

七月，文宗薨，順宗即位，遣左拾遺知制誥吳仁俊赴遼告哀，於九月抵達。（《遼史》卷24〈道宗紀四〉、《高麗史》卷9〈順宗世家〉）

十月，順宗薨，宣宗即位。十一月，遣侍御史李資仁赴遼告喪，於十二月抵達。（《遼史》卷24〈道宗紀四〉、《高麗史》卷10〈宣宗世家〉）

1086年　遼道宗大安二年，高麗宣宗三年

閏二月，遣衛尉少卿崔思說赴遼，賀天安節。（《高麗史》卷10〈宣宗世家〉）

閏二月，遣殿中少監郭尚赴遼，獻方物。（《高麗史》卷10〈宣宗世家〉）

閏二月，遣戶部侍郎金士珍赴遼，謝賀生辰。（《高麗史》卷10〈宣宗世家〉）

五月，遣尚書禮部侍郎崔洪嗣赴遼，謝落起復，於十一月抵達。(《遼史》卷24〈道宗紀四〉、《高麗史》卷10〈宣宗世家〉)

五月，遣禮賓卿李資智赴遼賀正，於十一月抵達。(《遼史》卷24〈道宗紀四〉、《高麗史》卷10〈宣宗世家〉)

五月，遣知中樞院事李子威、尚書左丞黃宗愨赴遼謝冊命，於十一月抵達。(《遼史》卷24〈道宗紀四〉、《高麗史》卷10〈宣宗世家〉)

五月，遣告奏使、尚書右丞韓瑩赴遼，請罷修鴨綠江榷場，於十一月抵達。(《遼史》卷24〈道宗紀四〉、《高麗史》卷10〈宣宗世家〉)

1087年　遼道宗大安三年，高麗宣宗四年

正月，遣告奏使、秘書監林昌概赴遼。(《高麗史》卷10〈宣宗世家〉)

正月，遣密進使、閤門引進使金漢忠赴遼。(《高麗史》卷10〈宣宗世家〉)

遣使遼朝，於三月抵達。(《遼史》卷25〈道宗紀五〉)

十月，遣告奏使、禮賓少卿柳伸赴遼。(《高麗史》卷10〈宣宗世家〉)

十一月，遣衛尉少卿庾哲赴遼，謝賀生辰。(《高麗史》卷10〈宣宗世家〉)

十一月，遣殿中少監金德均赴遼獻方物。(《高麗史》卷10〈宣宗世家〉)

十二月，遣刑部侍郎崔羣赴遼，賀天安節。(《高麗史》卷10〈宣宗世家〉)

1088年　遼道宗大安四年，高麗宣宗五年

九月，遣太僕少卿金先錫赴遼，乞罷榷場。(《高麗史》卷10
〈宣宗世家〉)

1089年　遼道宗大安五年，高麗宣宗六年

遣使遼朝，於正月抵達。(《遼史》卷25〈道宗紀五〉)

1090年　遼道宗大安六年，高麗宣宗七年

遣使遼朝，於十一月抵達。(《遼史》卷25〈道宗紀五〉)

1094年　遼道宗大安十年，高麗宣宗十一年

五月，宣宗王運薨，獻宗即位，遣使赴遼告哀稱嗣。(《遼史》
卷25〈道宗紀五〉、《高麗史》卷10〈宣宗世家〉)

1095年　遼道宗壽昌元年，高麗獻宗元年

遣使遼朝，於二月抵達。(《遼史》卷26〈道宗紀六〉)
十月，遣左司郎中尹瓘、刑部侍郎任懿赴遼，告知獻宗禪位，
肅宗即位。(《高麗史》卷11〈肅宗世家一〉、《高麗史節要》卷
6〈獻宗恭殤大王〉)
十一月，遣崔惟舉赴遼進奉。(《高麗史》卷11〈肅宗世家一〉)
十一月，遣崔用圭赴遼賀正。(《高麗史》卷11〈肅宗世家一〉)
十一月，遣董彭載赴遼賀天安節。(《高麗史》卷11〈肅宗世家
一〉)

1096年　遼道宗壽昌二年，高麗肅宗元年

二月，遣謝恩兼告奏使禹元齡赴遼，謝賀前王生日。（《高麗史》卷11〈肅宗世家一〉、《高麗史節要》卷6〈肅宗明孝大王一〉）

三月，遣持禮使高民翼赴遼東京。（《高麗史》卷11〈肅宗世家一〉）

遣使遼朝，於十月抵達。（《遼史》卷26〈道宗紀六〉）

十月，遣吳延寵赴遼，賀天安節。（《高麗史》卷11〈肅宗世家一〉）

十一月，遣蘇忠赴遼進奉。（《高麗史》卷11〈肅宗世家一〉）

十一月，遣白可臣赴遼賀正。（《高麗史》卷11〈肅宗世家一〉）

1097年　遼道宗壽昌三年，高麗肅宗二年

十月，遣安仁鑑赴遼賀天安節。（《高麗史》卷11〈肅宗世家一〉）

十月，遣柳澤赴遼謝橫宣。（《高麗史》卷11〈肅宗世家一〉）

十一月，遣庾惟祐赴遼謝賀前王生辰。（《高麗史》卷11〈肅宗世家一〉）

十一月，遣畢公贊赴遼進方物。（《高麗史》卷11〈肅宗世家一〉）

十一月，遣林有文赴遼賀正。（《高麗史》卷11〈肅宗世家一〉）

1098年　遼道宗壽昌四年，高麗肅宗三年

十月，遣知樞密院事金庸、禮部侍郎曹楊休赴遼，謝封冊。（《高麗史》卷11〈肅宗世家一〉）

十月，遣金若沖赴遼，賀天安節。(《高麗史》卷11〈肅宗世家一〉)

十一月，遣王嘏、尹繼衡赴遼進方物。(《高麗史》卷11〈肅宗世家一〉)

十一月，遣蔣寧赴遼賀正。(《高麗史》卷11〈肅宗世家一〉)

1099年　遼道宗壽昌五年，高麗肅宗四年

九月，遣持禮使邵師奭赴遼東京。(《高麗史》卷11〈肅宗世家一〉)

閏九月，遣文冠赴遼賀天安節。(《高麗史》卷11〈肅宗世家一〉、《高麗史節要》卷6〈肅宗明孝大王一〉)

遣使赴遼乞封冊，於十月抵達。(《遼史》卷26〈道宗紀六〉)

十月，遣李壽赴遼謝賀生辰。(《高麗史》卷11〈肅宗世家一〉)

十月，遣告奏兼密進使文翼赴遼，請賜元子冊命。(《高麗史》卷11〈肅宗世家一〉)

十月，遣韓彝赴遼進方物。(《高麗史》卷11〈肅宗世家一〉)

十月，遣趙臣浚（俊）赴遼賀正。(《高麗史》卷11〈肅宗世家一〉、《高麗史節要》卷6〈肅宗明孝大王一〉、《東國通鑑》卷18〈肅宗明孝王〉)

1100年　遼道宗壽昌六年，高麗肅宗五年

九月，遣回謝使、禮部郎中李載（軌）赴遼謝詔諭。(《高麗史》卷11〈肅宗世家一〉、《高麗史》卷97〈李軌傳〉、《高麗史》卷90〈大覺國師煦傳〉、《高麗史節要》卷6〈肅宗明孝大王一〉、《東國通鑑》卷18〈肅宗明孝王〉、《增補文獻備考》卷172〈交聘考二〉)

十月，遣朴浩赴遼，賀天安節。(《高麗史》卷11〈肅宗世家一〉)

十一月，遣金侯善赴遼，謝賀生辰。(《高麗史》卷11〈肅宗世家一〉)

十一月，遣金龜年赴遼謝恩。(《高麗史》卷11〈肅宗世家一〉)

十一月，遣赫連挺赴遼獻方物。(《高麗史》卷11〈肅宗世家一〉)

十一月，遣崔善緯赴遼賀正。(《高麗史》卷11〈肅宗世家一〉)

1101年　遼天祚帝乾統元年，高麗肅宗六年

正月，遼道宗崩。四月，遣太府少卿王公胤、閤門使魯作公赴遼，弔慰會葬，於六月抵達。(《遼史》卷27〈天祚皇帝紀一〉、《高麗史》卷11〈肅宗世家一〉)

九月，遣同知樞密院事郭尚、尚書左丞許慶赴遼，賀天祚帝即位，於十二月抵達。(《遼史》卷27〈天祚皇帝紀一〉、《高麗史》卷11〈肅宗世家一〉)

1102年　遼天祚帝乾統二年，高麗肅宗七年

十月，遣安子恭赴遼賀天興節。(《高麗史》卷11〈肅宗世家一〉)

十一月，遣楊信孚赴遼謝賀生辰。(《高麗史》卷11〈肅宗世家一〉)

十一月，遣郭峻穆赴遼進方物。(《高麗史》卷11〈肅宗世家一〉)

十一月，遣金澤先赴遼賀正。(《高麗史》卷11〈肅宗世家一〉)

1103年　遼天祚帝乾統三年，高麗肅宗八年

九月，遣李繼膺、朴景綽赴遼賀加上尊號。（《高麗史》卷12〈肅宗世家二〉）

十月，遣宋琳赴遼賀天興節。（《高麗史》卷12〈肅宗世家二〉）

十月，遣金國珍赴遼謝橫宣。（《高麗史》卷12〈肅宗世家二〉）

十一月，遣崔繼芳赴遼謝賀生辰。（《高麗史》卷12〈肅宗世家二〉）

十一月，遣趙卿赴遼進方物。（《高麗史》卷12〈肅宗世家二〉）

十一月，遣沈侯赴遼賀正。（《高麗史》卷12〈肅宗世家二〉）

1104年　遼天祚帝乾統四年，高麗肅宗九年

十月，遣智寵延赴遼賀天興節。（《高麗史》卷12〈肅宗世家二〉）

十月，遣文冠赴遼謝封冊。（《高麗史》卷12〈肅宗世家二〉）

十月，遣崔璿（浚）赴遼謝賀生辰。（《高麗史》卷12〈肅宗世家二〉、《高麗史節要》卷7〈肅宗二〉）

十月，遣金漢公赴遼進奉。（《高麗史》卷12〈肅宗世家二〉）

十月，遣崔德愷赴遼賀正。（《高麗史》卷12〈肅宗世家二〉）

十一月，遣密進使金沽赴遼。（《高麗史》卷12〈肅宗世家二〉）

1105年　遼天祚帝乾統五年，高麗肅宗十年

十月，肅宗薨，睿宗即位。遣中書舍人金緣（仁存）赴遼告哀，於十一月抵達。（《遼史》卷27〈天祚皇帝紀一〉、《高麗史》卷12〈睿宗世家一〉）

十月，遣刑部侍郎崔緯赴遼賀天興節。（《高麗史》卷12〈睿宗世家一〉）

1106年　遼天祚帝乾統六年，高麗睿宗元年

十月，遣侍郎金寶威、郎將李璹赴遼謝賜祭。(《高麗史》卷12〈睿宗世家一〉)

十月，遣禮賓少卿崔洙赴遼賀天興節。(《高麗史》卷12〈睿宗世家一〉)

十一月，遣金義方赴遼謝橫宣。(《高麗史》卷12〈睿宗世家一〉)

1107年　遼天祚帝乾統七年，高麗睿宗二年

六月，遣考功郎中朴景伯赴遼賀天興節。(《高麗史》卷12〈睿宗世家一〉)

六月，遣刑部員外郎李韶永赴遼謝賀生辰。(《高麗史》卷12〈睿宗世家一〉)

六月，遣起居舍人朴景（升）中赴遼賀正。(《高麗史》卷12〈睿宗世家一〉、《高麗史節要》卷7〈睿宗文孝大王一〉)

六月，遣侍御史河彥碩赴遼進方物。(《高麗史》卷12〈睿宗世家一〉)

1108年　遼天祚帝乾統八年，高麗睿宗三年

十月，遣李德羽赴遼賀天興節。(《高麗史》卷12〈睿宗世家一〉)

十一月，遣黃元道赴遼謝落起復，於十二月抵達。(《遼史》卷27〈天祚皇帝紀一〉、《高麗史》卷12〈睿宗世家一〉)

十一月，遣崔贄赴遼謝賀生辰，於十二月抵達。(《遼史》卷27〈天祚皇帝紀一〉、《高麗史》卷12〈睿宗世家一〉)

十一月，遣徐祐赴遼獻方物。(《高麗史》卷12〈睿宗世家一〉)

1109年　遼天祚帝乾統九年，高麗睿宗四年

二月，遣李汝霖赴遼奏新築東界九城。（《高麗史》卷13〈睿宗世家二〉）

遣使遼朝，於十二月抵達。（《遼史》卷27〈天祚皇帝紀一〉）

十二月，遣都官郎中李國瓊赴遼，奏還女真九城。（《高麗史》卷13〈睿宗世家二〉、《高麗史節要》卷7〈睿宗文孝大王一〉、《東國通鑑》卷19〈睿宗文孝王一〉）

1111年　遼天祚帝天慶元年，高麗睿宗六年

十月，遣刑部侍郎李資德赴遼賀天興節。（《高麗史》卷13〈睿宗世家二〉）

十一月，遣禮部侍郎李珣赴遼謝賀生辰。（《高麗史》卷13〈睿宗世家二〉）

十一月，遣殿中監金縝赴遼獻方物。（《高麗史》卷13〈睿宗世家二〉）

十一月，遣禮賓少卿文公彥赴遼賀正。（《高麗史》卷13〈睿宗世家二〉）

1112年　遼天祚帝天慶二年，高麗睿宗七年

七月，王太后去世。八月，遣殿中監李德羽赴遼告哀，於十月抵達。（《遼史》卷27〈天祚皇帝紀一〉、《高麗史》卷13〈睿宗世家二〉）

九月，遣禮部侍郎金縝赴遼賀天興節。（《高麗史》卷13〈睿宗世家二〉）

十月，遣工部侍郎李寵鱗赴遼謝橫賜。（《高麗史》卷13〈睿宗世家二〉）

十月，遣戶部侍郎康悅赴遼謝賀生辰。(《高麗史》卷13〈睿宗世家二〉)

十一月，遣禮賓少卿崔俰赴遼獻方物。(《高麗史》卷13〈睿宗世家二〉)

十一月，遣刑部侍郎許之奇赴遼賀正。(《高麗史》卷13〈睿宗世家二〉)

1113年　遼天祚帝天慶三年，高麗睿宗八年

十月，遣禮部侍郎李永赴遼賀天興節。(《高麗史》卷13〈睿宗世家二〉)

十月庚午，遣禮部尚書洪灌、刑部侍郎金義元赴遼謝弔祭，於十二月抵達。(《遼史》卷27〈天祚皇帝紀一〉、《高麗史》卷13〈睿宗世家二〉)

十一月，遣秘書少監韓沖赴遼謝起復，於十二月抵達。(《遼史》卷27〈天祚皇帝紀一〉、《高麗史》卷13〈睿宗世家二〉)

十一月，遣工部侍郎李茂榮赴遼謝賀生辰。(《高麗史》卷13〈睿宗世家二〉)

十一月，遣殿中監崔弘宰赴遼獻方物。(《高麗史》卷13〈睿宗世家二〉)

十一月，遣戶部侍郎李資諴赴遼賀正。(《高麗史》卷13〈睿宗世家二〉)

十二月，遣禮賓少卿金（林）景清赴遼獻方物。(《高麗史》卷13〈睿宗世家二〉、《高麗史節要》卷8〈睿宗二〉)

1114年　遼天祚帝天慶四年，高麗睿宗九年

十月，遣李鸞赴遼賀天興節。(《高麗史》卷13〈睿宗世家二〉)

十月，遣梁永赴遼謝賀生辰。（《高麗史》卷13〈睿宗世家二〉）

十二月，遣衛尉卿李壽、通事舍人黃君裳赴遼謝橫宣。（《高麗史》卷13〈睿宗世家二〉）

1115年　遼天祚帝天慶五年，高麗睿宗十年

正月，遣尚書李壽、侍郎黃君裳赴遼謝橫宣。（《高麗史》卷14〈睿宗世家三〉）

十月，遣侍御史尹彥純赴遼賀天興節。（《高麗史》卷14〈睿宗世家三〉）

十一月，遣郎中金仁珇赴遼謝落起復，於同月抵達遼麗邊境，不得進，還。（《高麗史》卷14〈睿宗世家三〉）

遣謝賀生辰使赴遼，於十一月抵達遼麗邊境，不得進，還。（《高麗史》卷14〈睿宗世家三〉）

遣進奉使徐昉赴遼，至東京被扣留。（《高麗史》卷14〈睿宗世家三〉）

遣賀正使李德允赴遼，至東京被扣留。（《高麗史》卷14〈睿宗世家三〉）

1116年　遼天祚帝天慶六年，高麗睿宗十一年

閏月，遣秘書校書郎鄭良稷，稱為安北都護府衙前，持牒赴遼東京，詗知節日使尹彥純、進奉使徐昉、賀正使李德允等稽留事。（《高麗史》卷14〈睿宗世家三〉）

1123年　遼天祚帝保大三年，高麗仁宗元年

八月，遣河則寶如遼，自龍州泛海，不達而還。（《高麗史》卷15〈仁宗世家一〉）

嘗遣中書舍人金黃元赴遼，時間不詳。(《高麗史》卷97〈金黃元傳〉)

嘗遣戶部員外郎文公仁赴遼，時間不詳。(《高麗史》卷125〈文公仁傳〉)

嘗遣右拾遺、知制誥李公壽赴遼，時間不詳。(〈李公壽墓誌銘〉)

參考文獻

一 原始文獻

(一)國內文獻

（後晉）劉昫等　舊唐書　北京市　中華書局　1975年

（宋）薛居正等　舊五代史　北京市　中華書局　2015年

（宋）歐陽修撰，（宋）徐無黨注　新五代史　北京市　中華書局　2015年

（宋）司馬光編著，（元）胡三省音注　資治通鑑　北京市　中華書局　2012年

（宋）王欽若等編纂，周勳初等校訂　冊府元龜　南京市　鳳凰出版社　2006年

（宋）徐兢　宣和奉使高麗圖經　北京市　中華書局　1985年

（宋）洪皓撰，翟立偉標注　松漠紀聞　長春市　吉林文史出版社　1986年

（宋）趙汝愚編，北京大學中國中古史研究中心校點整理　宋朝諸臣奏議　上海市　上海古籍出版社　1999年

（宋）李燾　續資治通鑑長編　北京市　中華書局　2004年

（宋）葉隆禮撰，賈敬顏、林榮貴點校　契丹國志　北京市　中華書局　2014年

（宋）徐夢莘　三朝北盟會編　上海市　上海古籍出版社　2008年

（宋）李心傳撰，徐規點校　建炎以來朝野雜記甲集　北京市　中華
　　　　書局　2000年

（宋）李心傳編撰，胡坤點校　建炎以來繫年要錄　北京市　中華書
　　　　局　2013年

（金）劉祁　歸潛志　北京市　中華書局　1983年

（金）元好問　中州集　上海市　華東師範大學出版社　2014年

（金）元好問　元好問全集　太原市　山西人民出版社　1990年

（宋）馬端臨著，上海師範大學古籍研究所、華東師範大學古籍研究
　　　　所點校　文獻通考　北京市　中華書局　2011年

（元）脫脫等　遼史　北京市　中華書局　2016年

（元）脫脫等　金史　北京市　中華書局　2020年

（元）脫脫等　宋史　北京市　中華書局　1977年

（清）徐松輯，劉琳等校點　宋會要輯稿　上海市　上海古籍出版社
　　　　2014年

陳述　全遼文　北京市　中華書局　1982年

向南　遼代石刻文編　石家莊市　河北教育出版社　1995年

向南、張國慶、李宇峰輯注　遼代石刻文續編　瀋陽市　遼寧人民出
　　　　版社　2010年

趙永春輯注　奉使遼金行程錄（增訂本）　北京市　商務印書館
　　　　2017年

（二）國外文獻

（高麗）義天著，黃純艷點校　高麗大覺國師文集　蘭州市　甘肅人
　　　　民出版社　2007年

（高麗）金富軾著，楊軍校勘　三國史記　長春市　吉林大學出版社
　　　　2015年

（朝鮮王朝）鄭麟趾編　高麗史　東京市　國書刊行會株式會社　昭和五十二年（1977）

（朝鮮王朝）金宗瑞　高麗史節要　朝鮮史料叢刊本　昭和七年（1932）

（朝鮮王朝）徐居正　東文選　朝鮮群書大系本　大正三年（1914）

（朝鮮王朝）徐居正　東國通鑑　朝鮮群書大系本　明治四十五年（1912）

（朝鮮王朝）安鼎福　東史綱目　朝鮮群書大系本　大正四年（1915）

（朝鮮王朝）李重煥　八域志　朝鮮群書大系本　明治四十三年（1910）

（朝鮮王朝）金履載　中京志　朝鮮群書大系本　明治四十四年（1911）

（朝鮮王朝）盧思慎等　新增東國輿地勝覽　首爾市　明文堂　1959年

（朝鮮王朝）姜必孝　海隱遺稿　首爾市　韓國古典翻譯院　2010年

（韓）洪鳳漢、李萬運、朴容大　增補文獻備考　首爾市　明文堂　2000年

（韓）金龍善　高麗墓誌銘集成　春川市　翰林大學校　1993年

二　研究著作

張亮采　補遼史交聘表　北京市　中華書局　1958年

傅樂煥　遼史叢考　北京市　中華書局　1984年

楊樹森　遼史簡編　瀋陽市　遼寧人民出版社　1984年

黃寬重　南宋史研究集　臺北市　新文豐出版公司　1985年

黃枝連　天朝禮治體系研究（上卷）　北京市　中國人民大學出版社　1992年

楊昭全、韓俊光　中朝關係簡史　瀋陽市　遼寧民族出版社　1992年

黃枝連　天朝禮治體系研究（下卷）　北京市　中國人民大學出版社
　　　　1995年

楊渭生　宋麗關係史研究　杭州市　杭州大學出版社　1997年

蔣非非、王小甫等　中韓關係史（古代卷）　北京市　社會科學文獻
　　　　出版社　1998年

楊昭全、何彤梅　中國─朝鮮・韓國關係史　天津市　天津人民出版
　　　　社　2001年

魏志江　中韓關係史研究　廣州市　中山大學出版社　2006年

吳曉萍　宋代外交制度研究　合肥市　安徽人民出版社　2006年

楊軍、王秋彬　中國與朝鮮半島關係史論　北京市　社會科學文獻出
　　　　版社　2006年

楊軍、張乃和　東亞史　長春市　長春出版社　2006年

付百臣主編　中朝歷代朝貢制度研究　長春市　吉林人民出版社
　　　　2008年

高明士　天下秩序與文化圈的探索：以東亞古代的政治與教育為中心
　　　　上海市　上海古籍出版社　2008年

韓　昇　東亞世界形成史論　上海市　復旦大學出版社　2009年

王民信　王民信高麗史研究論文集　臺北市　臺大出版中心　2010年

任愛君　遼朝史稿　蘭州市　甘肅民族出版社　2012年

黃純艷　宋代朝貢體系研究　北京市　商務印書館　2014年

李昌憲　中國行政區劃通史・宋西夏卷　上海市　復旦大學出版社
　　　　2017年

宋念申　發現東亞　北京市　新星出版社　2018年

陳俊達　遼朝節鎮體制研究　上海市　上海三聯書店　2021年

三　期刊論文

孟古托力　女真及其金朝與高麗關係中幾個問題考論　滿語研究
　　　2002年第1期

魏志江　關於清朝與朝鮮宗藩關係研究的幾個問題——兼與韓國全海
　　　宗教授商榷　東北史地　2007年第1期

楊　軍　東亞封貢體系確立的時間——以遼金與高麗的關係為中心
　　　貴州社會科學　2008年第5期

趙永春、玄花　遼金與高麗的「保州」交涉　中國邊疆史地研究
　　　2008年第1期

章宏偉　十至十四世紀中國與朝鮮半島的漢文大藏經交流　古籍整理
　　　研究學刊　2009年第6期

王民信　高麗王朝對遼金元初興時的「拒」與「和」　王民信　王民
　　　信高麗史研究論文集　臺北市　臺大出版中心　2010年

姜維東　遼使儒化現象研究　社會科學戰線　2011年第5期

楊　軍　維持東亞封貢體系的代價——清與朝鮮「朝貢貿易」收支考
　　　劉德斌主編　中國與世界（第一輯）　北京市　中國社會科
　　　學出版社　2011年

劉　一　遼麗封貢制度研究　滿族研究　2012年第2期

楊　軍　遼朝南面官研究——以碑刻資料為中心　史學集刊　2013年
　　　第3期

張國慶　遼與高麗關係演變中的使職差遣　遼寧省遼金契丹女真史研
　　　究會編　遼金歷史與考古（第四輯）　瀋陽市　遼寧教育出
　　　版社　2013年

陳俊達　遼對高麗的第一次征伐新探　邢臺學院學報　2014年第3期

陳俊達　試論高麗人的「中國觀」　通化師範學院學報　2014年第3期

張國慶　遼朝官員的丁憂與起復　東北史地　2014年第1期

陳俊達　高麗遣使遼朝研究述評　綏化學院學報　2015年第2期

陳俊達　試析遼朝遣使高麗前期的階段性特點（西元922-1038年）
　　　　齊齊哈爾大學學報　2015年第4期

陳俊達、邵曉晨　關於遼朝遣使冊封、加冊及賀高麗國王生辰的新思
　　　　考──兼論封貢體系下宗主國宗主權的行使　赤峰學院學報
　　　　（漢文哲學社會科學版）　2015年第5期

陳俊達　遼朝遣使高麗年表簡編（前期：922年至1038年）　黑龍江
　　　　史志　2015年第5期

陳俊達　遼朝遣使高麗年表簡編（後期：1039年至1120年）　黑龍江
　　　　史志　2015年第8期

陳俊達　遼朝遣使高麗年表簡編（後期：1039年至1120年）（續）
　　　　黑龍江史志　2015年第13期

陳俊達　麗遼「關係分期」「朝貢分期」與「遣使分期」辨析──東
　　　　亞封貢體系形成理論研究之一　雞西大學學報　2015年第5期

陳俊達　《遼史》校正二則　黑河學院學報　2015年第3期

陳俊達　淺談遼麗關係史研究中的概念辨析問題──以「使節」「使
　　　　臣」「使者」為例　吉林省教育學院學報（上旬）　2015年
　　　　第8期

陳俊達、楊軍　高麗赴遼使者群體研究　黑龍江社會科學　2016年第
　　　　5期

陳俊達　高麗使遼使者類型及其派遣考論　西北民族大學學報（哲學
　　　　社會科學版）　2016年第5期

陳俊達　《新五代史》校正一則　黑河學院學報　2016年第6期

陳俊達　遼朝遣使高麗考補　綏化學院學報　2016年第11期

陳俊達　試論高麗人的「遼朝觀」　姜錫東主編　宋史研究論叢　第

20輯　北京市　科學出版社　2017年

陳俊達　遼朝與高麗使者往來分期探賾——兼論東亞封貢體系確立的時間　西北民族大學學報（哲學社會科學版）　2017年第4期

陳俊達、孫國軍　《補遼史交聘表》高麗遣使遼朝史事補正（上）赤峰學院學報（漢文哲學社會科學版）　2017年第4期

陳俊達、孫國軍　《補遼史交聘表》高麗遣使遼朝史事補正（中）赤峰學院學報（漢文哲學社會科學版）　2017年第5期

陳俊達、孫國軍　《補遼史交聘表》高麗遣使遼朝史事補正（下）赤峰學院學報（漢文哲學社會科學版）　2017年第6期

陳俊達、孫國軍　高麗遣使遼朝年表簡編（上）　赤峰學院學報（漢文哲學社會科學版）　2017年第8期

陳俊達、孫國軍　高麗遣使遼朝年表簡編（下）　赤峰學院學報（漢文哲學社會科學版）　2017年第9期

陳俊達　從「強狄」到「正統」：史籍所見高麗君臣心中的金朝形象張伯偉編　域外漢籍研究集刊　第18輯　北京市　中華書局2019年

黃東蘭　作為隱喻的空間——日本史學研究中的「東洋」「東亞」與「東部歐亞」概念　學術月刊　2019年第2期

陳俊達　從「宗主正統」到「文化中國」：試論高麗人的「宋朝觀」赤峰學院學報（漢文哲學社會科學版）　2020年第6期

陳俊達、王征　反思「封貢體系」：十至十三世紀東亞國際體系的一個側面　赤峰學院學報（漢文哲學社會科學版）　2021年第2期

陳俊達、王征　遼朝出使高麗使者職官考　赤峰學院學報（漢文哲學社會科學版）　2021年第7期

四 學位論文

康　鵬　遼代五京體制研究　北京市　北京大學博士學位論文　2007年

王占峰　高麗與遼、北宋朝貢路研究　延吉市　延邊大學碩士學位論
　　　　文　2008年

林國亮　高麗與宋遼金關係比較研究——以政治外交為中心　延吉市
　　　　延邊大學博士學位論文　2011年

蘇　丹　遼朝使宋國信使研究　長春市　吉林大學碩士學位論文
　　　　2014年

陳俊達　高麗遣使遼朝研究　長春市　吉林大學碩士學位論文　2016年

五 國外著作與論文

（日）津田左右吉　遼の制度の二重體系　滿鮮地理歷史研究報告
　　　　第五　東京市　東京帝國大學文科大學　大正七年（1918）

KARL A. WITTFOGEL, FENG CHIA-SHENG. *History of Chinese Society:*
　　　　Liao (907-1125), The American Philosophical Society Held at
　　　　Philadelphia, 1949

（韓）李丙燾著，（韓）許宇成譯　韓國史大觀　臺北市　正中書局
　　　　1961年

（韓）金渭顯　契丹的東北政策——契丹與高麗女真關係之研究　臺
　　　　北市　華世出版社　1981年

（韓）徐榮洙　四至七世紀韓中朝貢關係考　古代中韓日關係研究
　　　　中古史研討會論文集之一　香港：香港大學亞洲研究中心
　　　　1987年

（日）島田正郎　契丹國——遊牧の民キタイの王朝　東京市　東方
　　　　書店株式會社　1993年

（日）西嶋定生著，高明士譯　東亞世界的形成　劉俊文主編　日本
　　　學者研究中國史論著選譯（第二卷）　北京市　中華書局
　　　1993年

（韓）朴龍雲　高麗與宋朝交聘問題探討　北京大學韓國學研究中心
　　　編　韓國學論文集　第4輯　北京市　社會科學文獻出版社
　　　1995年

（韓）金在滿　契丹聖宗之進攻高麗以及東北亞國際情勢之變趨　穆
　　　鴻利、黃鳳岐編　遼金史論集　第七輯　鄭州市　中州古籍
　　　出版社　1996年

（韓）全海宗　韓中朝貢關係概觀──韓中關係史鳥瞰　全海宗著，
　　　全善姬譯　中韓關係史論集　北京市　中國社會科學出版社
　　　1997年

（德）傅海波、（英）崔瑞德編，史衛民等譯　劍橋中國遼西夏金元
　　　史：907-1368　北京市　中國社會科學出版社　1998年

（韓）朴玉傑著，劉俊和譯　高麗人的中國觀　浙江大學韓國研究所
　　　編著　《韓國人文精神》論文集　北京市　學苑出版社
　　　1998年

（日）濱下武志著，朱蔭貴、歐陽菲譯　近代中國的國際契機：朝貢
　　　貿易體系與近代亞洲經濟圈　北京市　中國社會科學出版社
　　　1999年

（日）河上洋　遼五京的外交機能　姜維公、高福順譯著　中朝關係
　　　史譯文集　長春市　吉林文史出版社　2001年

（日）堀敏一著，韓昇編，韓昇、劉建英譯　隋唐帝國與東亞　昆明
　　　市　雲南人民出版社　2002年

（日）濱下武志著，王玉茹、趙勁松、張瑋譯　中國、東亞與全球經
　　　濟：區域和歷史的視角　北京市　社會科學文獻出版社
　　　2009年

（日）古松崇志著，李濟滄譯　契丹、宋之間澶淵體制中的過境　《日本中國史研究年刊》刊行會編　日本中國史研究年刊2007年度　上海市　上海古籍出版社　2009年

（美）費正清編，杜繼東譯　中國的世界秩序——傳統中國的對外關係　北京市　中國社會科學出版社　2010年

（日）武田和哉　契丹國（遼朝）の成立と中華文化圈の拡大　菊池俊彦編　北東アジアの歴史と文化　札幌市　北海道大學出版會　2010年

（日）荒川慎太郎、澤本光弘、高井康典行、渡辺健哉編　契丹〔遼〕と10-12世紀の東部ユーラシア　東京市　勉誠出版株式會社　2013年

（日）高井康典行　渤海と藩鎮——遼代地方統治の研究　東京市　汲古書院　2016年

Endō Satoshi, Iiyama Tomoyasu, Itō Kazuma, Mori Eisuke, "Recent Japanese Scholarship on the Multi-State Order in East Eurasia from the Tenth to Thirteenth Centuries". in *Journal of Song-Yuan Studies*, Volume 47, 2017-2018, pp. 193-205.

（日）金子修一著，張鴻譯　歷史上的東亞國際秩序與中國——聚焦西嶋定生　拜根興等編譯　古代東亞交流史譯文集（第一輯）　北京市　中國社會科學出版社　2018年

（日）李成市著，王坤譯　日本歷史學界東亞世界論的再探討——兼與韓國學界的對話　拜根興等編譯　古代東亞交流史譯文集（第一輯）　北京市　中國社會科學出版社　2018年

史學研究叢書・歷史文化叢刊 0602024

從「交鄰」到「封貢」——高麗與遼朝交聘研究

作　　者　陳俊達

責任編輯　官欣安

特約校稿　林秋芬

發 行 人　林慶彰

總 經 理　梁錦興

總 編 輯　張晏瑞

編 輯 所　萬卷樓圖書股份有限公司

　　　　　臺北市羅斯福路二段 41 號 6 樓之 3

　　　　　電話 (02)23216565

　　　　　傳真 (02)23218698

發　　行　萬卷樓圖書股份有限公司

　　　　　臺北市羅斯福路二段 41 號 6 樓之 3

　　　　　電話 (02)23216565

　　　　　傳真 (02)23218698

　　　　　電郵 SERVICE@WANJUAN.COM.TW

香港經銷　香港聯合書刊物流有限公司

　　　　　電話 (852)21502100

　　　　　傳真 (852)23560735

ISBN 978-986-478-603-9

2022 年 5 月初版一刷

定價：新臺幣 300 元

如何購買本書：

1. 劃撥購書，請透過以下郵政劃撥帳號：

　　帳號：15624015

　　戶名：萬卷樓圖書股份有限公司

2. 轉帳購書，請透過以下帳戶

　　合作金庫銀行 古亭分行

　　戶名：萬卷樓圖書股份有限公司

　　帳號：0877717092596

3. 網路購書，請透過萬卷樓網站

　　網址 WWW.WANJUAN.COM.TW

大量購書，請直接聯繫我們，將有專人為您服務。客服：(02)23216565 分機 610

國家圖書館出版品預行編目資料

從「交鄰」到「封貢」：高麗與遼朝交聘研究/陳俊達著. -- 初版. -- 臺北市：萬卷樓圖書股份有限公司, 2022.05

　　面；　公分. -- (史學研究叢書. 歷史文化叢刊 ;602024)

ISBN 978-986-478-603-9(平裝)

1.CST: 外交史　2.CST: 高麗　3.CST: 遼代

641.16　　　　　　　　　　　111000402